www.ingramcontent.com/pod-product-compliance
Lightning Source LLC
LaVergne TN
LVHW051022051026
849532LV00004BA/1330
9788119022793

اخلاقیات اور انسانی قدریں

(مضامین)

ڈاکٹر محمد اسلم فاروقی

ایم۔اے، ایم فل، پی ایچ ڈی (یونیورسٹی آف حیدرآباد)

اسسٹنٹ پروفیسر وصدر شعبۂ اردو

گری راج گورنمنٹ کالج، نظام آباد، تلنگانہ

Akhlaqiat aur insani qadrein *(Essays)*
by: Dr. Mohammed Aslam Faroqui
Edition: March '2023
Publisher& Printer:
Taemeer Publications, Hyderabad.

ISBN 978-81-19022-79-3

9 788119 022793

کتاب	:	**اخلاقیات اور انسانی قدریں** (مضامین)
مصنف	:	**ڈاکٹر محمد اسلم فاروقی**
صنف	:	نثری مضامین
ناشر	:	تعمیر پبلی کیشنز (حیدرآباد، انڈیا)
زیر اہتمام	:	تعمیر ویب ڈیولپمنٹ، حیدرآباد
سالِ اشاعت	:	۲۰۲۳ء
تعداد	:	(پرنٹ آن ڈیمانڈ)
صفحات	:	۱۴۰
کمپوزنگ و سرورق	:	لولو گرافکس، حیدرآباد
ملنے کے پتے	:	ڈاکٹر محمد اسلم فاروقی، فون:09247191548
		نیشنل بک ڈپو، احمدی بازار، نظام آباد
		ھدیٰ بک ڈپو، پرانی حویلی، حیدرآباد

فہرست ابواب اخلاقیات اور انسانی قدریں

اخلاقیات اور اقدار کے بارے میں پراجکٹ کام اور ماڈل پیپر

پہلی بات لکچررس' طلباء وطالبات سے

السلام علیکم! عزیز طلباء و طالبات بورڈ آف انٹر میڈیٹ تلنگانہ اور آندھرا پردیش دونوں ریاستوں کی جانب سے انٹرمیڈیٹ سال اول کے نصاب میں سال 15-2014 سے لازمی خصوصی پرچے کے طور پر "اخلاقیات اور انسانی قدریں" کے عنوان سے نیا نصاب شامل کیا گیا ہے۔ ماحولیاتی سائینس پرچے کی طرح طلبا کو اس مضمون میں بھی کامیابی حاصل کرنی ہوگی۔ جس سے انہیں انٹرمیڈیٹ میں کامیابی کی اہلیت ملے گی۔ بنیادی پرچوں کے نشانات کے ساتھ اس امتحان کے نشانات شامل نہیں ہونگے۔

جہاں تک "اخلاقیات اور انسانی قدریں" پرچے کو انٹرمیڈیٹ نصاب میں شامل کرنے کا معاملہ ہے حکومت اور عوامی گوشوں کی جانب سے یہ محسوس کیا گیا کہ نوجوانوں میں بڑھتی بے راہ روی' خود سے اور سماج سے بغاوت' مسائل کا ہمت و حوصلے سے سامنا کرنے کے بجائے مایوسی اختیار کرنا' سگریٹ نوشی شراب نوشی اور نشہ آور ادویات کا استعمال اور خودکشی کی جانب راغب ہونا' عصری تیکنکی سہولتوں انٹرنیٹ' اسمارٹ فونس اور ٹیلی ویژن کا غلط استعمال' اپنی صحت سے لاپرواہی متوازن غذا کے استعمال کے بجائے بازاری جنک فوڈس کا بڑھتا استعمال' خاندانی نظام کی شکست وریخت اور فرد کی تنہائی جیسے بڑھتے مسائل کے حل کے لئے نوجوانوں کی عمر کے اہم موڑ پر ان کی مناسب تربیت اور کردار سازی کی جائے۔ اور انہیں صحت مند دل و دماغ کے ساتھ' بہتر کردار سازی کے زیور سے آراستہ کرتے ہوئے ملک کی باگ ڈور سنبھالنے اور سماج کا ایک ذمہ دار فرد بنانے کی کوشش کی جائے۔ چنانچہ ان مقاصد کے تحت اس پرچے کو لازمی کیا گیا ہے۔ اس پرچے کو رکھنے کا مقصد صرف مواد پڑھ کر امتحان کامیاب کرنا نہیں ہے بلکہ سیکھنے کے دور میں نوجوانوں کے کردار کی تعمیر ہے۔ تاکہ یہ بہتر شہری

بن کر زندگی کے عملی میدان میں قدم رکھیں۔ چنانچہ مضمون میں دلچسپی برقرار رکھنے کے لئے امتحان کی اسکیم میں 60 نشانات تھیوری پرچے کے رکھے گئے۔ جس میں چار حصوں میں سے ایک ایک سوال 15 نشان کے حساب سے 250 الفاظ میں جواب دے کر لکھنا ہوگا۔

گروپ پراجکٹ کے 20 نشانات رکھے گئے ہیں جس میں کسی بھی مذہبی یا سماجی مقام کا مطالعاتی دورہ شامل ہوگا۔ جہاں طلبا کو اعداد شمار جمع کرتے ہوئے نتائج حاصل کرنے ہونگے۔ اسی طرح 20 نشانات پر مبنی انفرادی پراجکٹ کرنا ہوگا جس میں نصاب سے متعلقہ کسی موضوع پر اظہار خیال کرتے ہوئے مفوضہ کام کرنا ہوگا۔ طلبا اور لیکچررس اس موضوع میں دلچسپی لیں اور نصاب کو بہتر انداز میں سمجھانے اور سمجھنے کی کوشش کریں۔ اساتذہ سے خواہش ہے کہ وہ طلباء کو بلند خوانی کے ذریعے اس کتاب کا تمام نصاب اسباق کی بنیاد پر پڑھائیں اور طلباء سے موضوع سے متعلق سوال و جواب کریں۔ طلباء کے مسائل کو انفرادی اور اجتماعی طور پر سمجھائیں۔ اور عصر حاضر کے سماج سے مثالیں دیں۔ امید ہے کہ اس نصاب سے تعلیمی اداروں میں طلباء کی ڈسپلن شکنی کے بڑھتے واقعات' سماج میں لڑکیوں پر ہونے والے مظالم اور نوجوان لڑکوں کے بڑھتے اخلاقی بگاڑ پر قابو پایا جاسکتا ہے۔ یہ کتاب نوجوانوں کو اپنے مسائل کو سمجھنے اور انہیں ایک بہتر شہری کے طور پر زندگی کے عملی میدان میں قدم رکھنے میں مدد دے گی۔ "اخلاقیات اور انسانی قدریں" موضوع پر بورڈ آف انٹرمیڈیٹ نے انگریزی میں ایک کتاب تلگو اکیڈیمی کے زیر اہتمام شائع کی ہے۔ جس کے مواد کو طلباء کی سہولت کے لئے سوال جواب کی شکل میں آزادانہ طور پر پیش کیا گیا ہے۔ اس کتاب کو اردو میں پیش کرنے کی اساتذہ اور طلبا کے مختلف گوشوں سے نمائندگی کی گئی تھی جس کی بنیاد پر یہ کتاب پیش کی جارہی ہے امید ہے کہ اس کا خیر مقدم ہوگا۔ اور یہ کتاب اپنے مقاصد کی تکمیل کرے گی۔

ڈاکٹر محمد اسلم فاروقی

اخلاقیات اور انسانی قدریں، امتحان کا طریقہ

لیکچررس کے لئے عمومی ہدایت یہ ہے کہ اخلاقیات اور انسانی اقدریں پرچہ 100 نشانات کا ہوگا ۔جس کے تین زمرے ہونگے۔

1۔نظری امتحان Theory Exam جس میں فی کس 15 نشانات کے حساب سے 4 تفصیلی جوابات لکھنے ہونگے۔: 60 نشانات

2۔ گروپ پراجکٹ : 20 نشانات

3۔ انفرادی پراجکٹ : 20 نشانات

تحریری امتحان میں طلباء کو زیادہ سے زیادہ انتخاب فراہم کرنے کی خاطر نصابی کتاب کے 10 ابواب کو چار حصوں میں تقسیم کیا گیا ہے۔ ہر حصے میں دو یا تین سوالات پوچھے جائیں گے اور طالب علم کو ہر حصے سے لازمی طور پر ایک سوال کرنا ہوگا۔ ہر سیکشن میں پوچھے جانے والے سوالات کے اسباق کے نمبر اس طرح ہونگے۔

سیکشن اے	اسباق 10-3-1
سیکشن بی	اسباق 9-4-2
سیکشن سی	اسباق 7-5
سیکشن ڈی	اسباق 8-6

(اسباق کی تقسیم اندازے سے کی گئی ہے۔اس کا مطلب کسی خاص موضوع کو ایک حصے میں کرنا نہیں ہے)

اخلاقیات اور انسانی قدریں ماڈل پیپر 1

Time: 3 Hours   Max Marks : 60

سیکشن A (اسباق 1,3,10)

سوال 1۔ اخلاقیات کی تعریف، نوعیت اور وسعت بیان کیجئے۔

سوال 2۔ موجودہ دور میں پائی جانے والی کوئی تین سماجی برائیوں کے بارے میں نوٹ لکھو۔

سوال 3۔ خطرناک سوچ اور تعمیری سوچ کے درمیان فرق کو واضح کیجئے۔

سیکشن B (اسباق 2,4,9)

سوال 4۔ ہندوستان کے شہری کو حاصل بنیادی حقوق اور اس کے بنیادی فرائض کے بارے میں مضمون لکھو۔

سوال 5۔ خودکشی کا خطرہ دینے والی علامات اور وجوہات کیا ہیں بیان کیجئے۔ واضح کیجئے کہ کس طرح مثبت اور جارحانہ سوچ سے خوکشی کی عادت پر قابو پایا جاسکتا ہے۔

سوال 6۔ واضح کیجئے کہ کس طرح انٹرنیٹ کے استعمال کے دوران انجانے میں کیسے کسی کی راز داری اور شخصی حفاظت سے سمجھوتہ ہوسکتا ہے۔ سائبر جرائم کا شکار نہ ہونے کے لئے ہمیں کیا احتیاطی اقدامات کرنے چاہئیں۔

سیکشن C (اسباق 5,7)

سوال 7۔ قدرتی وسائل کی بربادی کے پیچھے کونسے غیر اخلاقی عوامل ہیں واضح کیجئے۔

سوال 8۔ مختلف پیشوں سے وابستہ عام افراد کس طرح پیشہ وارانہ اخلاق واقدار کو پیش کریں۔

سیکشن D (اسباق 6,8)

سوال 9۔ مذہبی رواداری کی اہمیت بیان کیجئے۔ آپ جس مذہب کو پسند کرتے ہیں اس کے کچھ اہم نظریات بیان کرو۔

سوال 10۔ نشہ آور ادویات کے استعمال کے مضر اثرات بیان کرو۔ اور واضح کیجئے کہ اس بری عادت پر کیسے قابو پایا جاسکتا ہے۔

اخلاقیات اور انسانی قدریں ماڈل پیپر 2

Time 3 Hrs　　　　　　　　Max Marx :60

سیکشن A (اسباق 1,3,10)

سوال 1: اخلاقیات کی اہمیت بیان کیجئے۔ اور واضح کیجئے کہ کس طرح نوجوانوں اور عام انسانوں میں اخلاق کو پروان چڑھایا جاسکتا ہے؟

سوال 2: سماج میں بزرگوں کو عزت دینے کا بارے میں اپنے خیالات کا اظہار کیجئے؟

سوال 3۔ موجودہ دور میں پائی جانے والی تین سماجی برائیوں کے بارے میں لکھو؟

سیکشن B (اسباق 2,4,9)

سوال 4: حسب ذیل پر نوٹ لکھو؟ الف) ہندوستان کا قومی نشان ۔ ب) بنیادی فرائض کی ضرورت ۔ج) دستور ہند کی رو سے بچوں کے بنیادی حقوق ۔د) دستور کا کردار

سوال 5: آپ کے دوست نے ایک نیا موبائل فون خریدا ہے اور آپ سے اس کے استعمال کے بارے میں دریافت کرر ہا ہے تو آپ اسے کس طرح رہنمائی کریں گے؟

سوال 6: زندگی کی مہارتیں کیا ہیں؟ مقاصد طے کرنے' مسائل کے حل کرنے' فیصلہ سازی اور وقت کی تنظیم کی اہمیت بیان کیجئے اور ان مہارتوں کو پروان چڑھانے کے راستے بیان کیجئے؟

سیکشن C (اسباق 5,7)

سوال 7: زمین کے کٹاؤ اور جنگلات کے کٹاؤ پر قابو پانے کے چند اقدامات بیان کرو؟

سوال 8: اساتذہ اور ڈاکٹروں کی جانب سے برتے جانے والے چند اخلاقی اقدار کو بیان کرو؟

سیکشن D (اسباق 6,8)

سوال 1: مذہب اسلام کے اہم اصول اور اقدار بیان کرو؟

سوال 3: نوجوانوں کے بگڑے برتاؤ کی وجوہات کیا ہیں اور کس طرح اس پر قابو پایا جاسکتا ہے؟

اخلاقیات اور انسانی قدریں پر اجکٹ کام

اخلاقیات کے موضوع پر اجکٹ کام کرانے کا مقصد اس درسی کتاب میں دئے گئے عنوانات پر مطالعاتی دوروں، انٹرویو اور مباحث کے ذریعے طالب علموں میں شعور بیدار کرنا ہے۔ اور ان کا اس بارے میں حوصلہ بڑھانا کہ وہ اس موضوع پر اظہار خیال کرتے ہوئے ملک کے ذمہ دار شہری بنیں۔ پر اجکٹ کام کے تحت ذیل میں جو کام دئے گئے ہیں وہ ہی آخری اور حتمی نہ سمجھے جائیں اور یہ احساس بھی نہ ہو کر یہ مشکل کام ہیں۔ جونیر کالج کے لیکچررس پر چھوڑ دیا گیا ہے کہ وہ اپنے کالج کے محل وقوع اور طلباء کی سماجی حیثیت کے مطابق کہ وہ شہری علاقوں میں رہتے ہیں یا دیہی علاقوں میں، اس اعتبار سے اپنے طلبا کے لئے پر اجکٹ منتخب کریں اور یہ اہم گذارش کی جاتی ہے کہ اساتذہ بچوں میں ذوق وشوق پیدا کرتے ہوئے یہ پر اجکٹ کرائیں اور انہیں پر اجکٹ خود نہ لکھائیں۔ چاہئے وہ کتنا ہی چھوٹا یا کتنا ہی طویل کیوں نہ ہو۔

گروپ پر اجکٹ 20 نشانات

ا) طلباء کسی بھی مقام کے مطالعاتی دورے پر جاسکتے ہیں اور اس سے متعلق رپورٹ لکھ کر پر اجکٹ کے طور پر داخل کر سکتے ہیں۔ طلباء کو فی پر اجکٹ پانچ پانچ کی تعداد میں تقسیم کیا جاسکتا ہے اور ہر گروپ کو ایک پر اجکٹ داخل کرنے کے لئے کہا جاسکتا ہے۔

۲) طلباء کا گروپ پر اجکٹ کے تحت مقامی گرام پنچایت، منڈل پریشد آفس، ضلع پریشد آفس، میونسپل کارپوریشن آفس یا کوئی بھی مجالس مقامی کے دفتر کو جائے اور وہاں کے کام کے طریقہ کار کے بارے میں معلومات حاصل کرے اور موجودہ اراکین سے مقامی مسائل اور ان کے حل کے بارے میں معلومات حاصل کرے اور اس دورے رپورٹ پر مبنی پر اجکٹ لکھ کر دے۔

۳) طلباء کا گروپ ایک مقامی اسکول کو جائے وہاں اساتذہ اور طلباء کی تعداد، اسکول میں ہونے

والی اہم سرگرمیوں' دوپہر کے کھانے کی اسکیم' اسکول میں لڑکوں لڑکیوں کا تناسب اور اسکول چھوڑ کر جانے والے بچوں کی تفصیلات لکھ کر پیش کرے۔

۴) **کسی مذہبی عبادت گاہ کا دورہ** جہاں طلباء جا کر معلومات کریں کہ کس مذہب کی عبادت گاہ ہے۔عبادت کا طریقہ کار کیا ہے۔ کتنے لوگ آتے ہیں۔عبادت کون کراتا ہے۔ایسے مذہب کے بارے میں معلومات ہوں جس کے ماننے والے کم ہیں تو یہ معلومات میں اضافہ کا باعث ہوگا۔

۵) **ایک سائبر کیفے کا دورہ** تاکہ معلوم کیا جائے کہ یہاں روز کتنے لوگ آتے ہیں۔ کیفے کے قیام کا بنیادی مقصد کیا ہے۔کس عمر کے لوگ آتے ہیں۔کس کام سے آتے ہیں ای میل کے لئے آتے ہیں جاب ورک کے لئے یا گیمس یا تفریح کے لئے۔چھوٹے بچے اگر آتے ہیں تو ان کے روکنے کے کیا اقدامات ہیں۔ والدین کو اطلاع ملتی ہے یا نہیں۔اس طرح کے مراکز پر کنٹرول رکھنے کے لئے حکومت کے اقدامات کی ضرورت ہے کیا؟ یہ تمام باتیں اس پراجکٹ کا حصہ ہیں۔

۶) **جمنازیم ورزشی اڈہ کا دورہ**۔معلوم کیا جائے کہ روز کتنے لوگ ورزش کے لئے آتے ہیں۔کس قسم کی مشینیں ہیں۔لوگوں کی آمد کا مقصد کیا ہے۔ پابندی سے آتے ہیں کیا۔خواتین بھی آتی ہیں کیا۔ٹرینرکون ہے۔اور جم میں حصہ لینے والے لوگوں سے سہولت کے بارے میں بات چیت۔

۷) **سرکاری دواخانہ یا ڈسپنسری کا دورہ**۔ علاقے میں موجود سرکاری دواخانہ یا چھوٹی ڈسپنسری کا دورہ کیا جائے۔کب سے قائم ہے۔ کتنے ڈاکٹر اور عملے کے لوگ ہیں۔مریضوں کے مسائل کیا ہیں۔دواؤں کے مسائل کیا ہیں۔عوام کے جذبات کیا ہیں۔

۸) **اولڈ ایج ہوم کا دورہ**: کب اور قائم ہوا۔ کتنے لوگ ہیں۔کیا یہ خود سے آئے ہیں یا ان کے بچوں نے زبردستی شریک کیا ہے۔انہیں دستیاب سہولتیں کیا ہیں۔اس کی ترقی کے لئے مزید کیا کیا جاسکتا ہے۔کیا یہاں کے مکین خوش ہیں۔ان کے مسائل کیا ہیں۔

۹) **زو کا دورہ**: زو میں معلوم کیا جائے کے کب قائم ہوا۔ کتنے جانور ہیں۔کہاں سے لائے گئے

ہیں۔ جانوروں کے لئے سہولتیں ہیں یا نہیں۔ روزانہ کتنے لوگ آتے ہیں۔ جانوروں کو فراہم کی جانے والی غذا کیا ہے۔ زو کے نگران سے بات چیت۔

۱۰) **می سیوا مرکز کا دورہ:** کب قائم ہوا۔ کس طرح قائم ہوتا ہے۔ کون کونسی سہولتیں ہیں۔ استفادہ کرنے والوں سے بات چیت۔ فیس کتنی لی جاتی ہے۔ مزید سہولتوں کے امکانات۔ اور دیگر تفصیلات۔

۱۱) **راشن شاپ کا دورہ:** علاقے میں موجود کسی راشن کی دکان کا دورہ۔ کتنے لوگ مستفید ہوتے ہیں۔ کیا کیا سامان دیا جاتا ہے۔ باہر کے مقابلے میں قیمتیں کس قدر کم ہیں۔ گراہکوں سے بات چیت' دکان دار کے اخلاق' کوئی شکایت اور کیا لوگ اس سہولت کو پسند کرتے ہیں۔ یا حکومت سے راست مالی مدد چاہتے ہیں۔

۱۲) **پنشن آفس کا دورہ:** کہاں واقع ہے۔ وظیفہ کی اقسام' مختلف زمروں میں کتنا وظیفہ دیا جاتا ہے۔

۱۳) **ہوٹل کا دورہ:** کسی ہوٹل کا دورہ کرنا۔ یہ دیکھنا کہ ہوٹل میں صفائی کا خیال رکھا جاتا ہے یا نہیں۔ کہیں بچوں سے کام تو نہیں لیا جا رہا ہے۔ کیا پیش ہوتا ہے قیمتیں کیا ہیں۔ کتنے لوگ آتے ہیں۔ لوگ گھر کے بجائے ہوٹل کا کھانا کیوں کھاتے ہیں۔ ہوٹل کے مالک اور گراہکوں سے بات چیت۔

۱۴) **رعیتو بازار سبزی منڈی:** علاقے میں موجود سبزی منڈی کا دورہ کرنا جسے آج کل رعیتو بازار بھی کہا جا رہا ہے۔ ترکاریاں کہاں سے آتی ہیں۔ قیمتیں کیسی ہیں۔ کسانوں کے مسائل کیا ہیں۔ قیمتیں کیوں بڑھتی ہیں۔ حکومت سے کسانوں کو کچھ امداد ہے یا نہیں جاننا۔

۱۵) **کسی کارخانے کا دورہ:** علاقے میں موجود کسی کارخانے کا مطالعاتی دورہ کرنا۔ کیا تیار ہوتا ہے۔ کتنے مزدور کام کرتے ہیں۔ مزدوروں کے لئے سہولتیں کیا ہیں۔ حفاظتی انتظامات کیا ہیں۔ مزدوروں کو تنخواہ کیسی ہے ان کے مسائل کیا ہیں۔ کارخانے سے آلودگی ہو رہی ہے کیا وغیرہ معلومات لینا۔

۱۶) **تغذیہ کی تحقیق کا ادارہ:** اگر علاقے میں تغذیہ پر ریسرچ کا ادارہ ہو تو وہاں جانا اور وہاں کے

کام کی تفصیلات جمع کرنا۔

۱۷) **بند ڈبہ غذاؤں کی تیاری کے مراکز:** علاقے میں فوڈ پراسیسنگ یونٹ ہو تو وہاں جانا۔ کونسی غذائی اشیا کا کام ہو رہا ہے دیکھنا۔ غذا کو محفوظ رکھنے کے لئے کیا ملایا جا رہا ہے۔ مزدوروں کی حالت کیا ہے۔ کوالٹی کنٹرول کیسا ہے اور دیگر تفصیلات اکھٹا کرنا۔

۱۸) **کالج میں سماج کے سربرآوردہ بزرگ شخصیات کو بلانا**' سماجی موضوعات جیسے جہیز کی لعنت' ذات پات کے جھگڑے' جنس کی بنیاد پر تفریق' دونسلوں کے درمیان خلیج' بزرگوں کا خیال رکھنا' خاندان کے فرد کی حیثیت سے ہماری ذمہ داری۔

۱۹) **اپنے کالج کی صفائی کرنا اور شجر کاری کے کاموں میں حصہ لینا۔** مرکزی حکومت نے سوچھ بھارت اسکیم شروع کی ہے۔ یعنی صاف ستھرا ہندوستان اس کے لئے علاقے میں شعور بیدار کرنا اور کالج کے ماحول کو صاف رکھنا۔ طلباء خود اپنے کالج کو صاف اور مثالی بنا سکتے ہیں۔

انفرادی پراجکٹ کام 20 نشانات

اخلاقیات کے نصاب کے ضمن میں طلبا کو بھی اپنے آپ سے ایک چھوٹا سا پراجکٹ مکمل کرنا ہوگا۔ طلباء کو مختلف قسم کے تخلیقی نوعیت کے مختلف پراجکٹس دئے جا سکتے ہیں۔ اس کے تحت انہیں دئے گئے کسی عنوان پر پانچ صفحے لکھنے ہونگے یا ایک چارٹ بنا کر دینا ہوگا۔ بہترین چارٹ کو دکھانے کے لئے کلاس میں یا نوٹس بورڈ پر لگایا جا سکتا ہے۔ اس ضمن میں چند ہدایات ذیل میں دی جا رہی ہیں۔

۱) اپنی پسند کے کسی ایسے ٹیلی ویژن سیریئل یا فلم کے بارے میں لکھئے جس میں کرداروں نے اخلاقی اقدار کو پیش کیا ہو۔

۲) یک ساٹھ سالہ بزرگ سے ملاقات کیجئے۔ اور اس کی زندگی کے سفر کے بارے میں پوچھئے کہ انہوں نے اپنی زندگی کی مختلف دہائیوں میں کس طرح زندگی گذاری۔ ان کے کھانے پینے رہن سہن رشتے داروں اور دوستوں سے ملاقات اور زندگی کے مختلف واقعات کے بارے میں دریافت کیجئے اور انہیں قلمبند کیجئے۔

۳) کسی کتاب یا انٹرنیٹ سے یہ معلوم کیجئے کہ کوئی پانچ اچھی غذائیں کونسی ہیں اور پانچ مضر غذائیں کیا ہیں۔ کن غذاؤں میں تغذیہ کم ہوتا ہے۔ اپنی تحقیق کو تجزیے کے ساتھ بیان کیجئے۔

۴) مختلف پیشے کے لوگوں جیسے درزی، مزدور، جھاڑنے والے، دکان دار اور دیگر پیشے کے لوگوں سے بات کیجئے اور معلوم کیجئے کہ ان کے پیشے کے اقدار کیا ہیں۔

۵) ایک نقشہ اتاریئے جس میں مثالوں کے ذریعے انٹرنیٹ، سیل فون، سماجی نیٹ ورک کے فائدے اور نقصانات بیان کیئے گئے ہوں۔

۶) ایک نقشہ بنایئے جس میں پابندی سے ورزش کرنے کے فوائد بیان کئے گئے ہوں۔

۷) ایک نقشہ بنایئے جس میں کسی مشہور مذہب کے عقائد اور اعمال بیان کئے گئے ہوں۔

۸) ایک نقشہ بنایئے جس میں کسی پیشے کے اخلاق بیان کئے گئے ہوں۔ جیسے تدریس، طب، قانون، تجارت وغیرہ۔

۹) ایک نقشہ بنایئے جس میں متعدی امراض کی روک تھام۔ خطرات سے بچنا اور نشہ آور ادویات سے بچنے کے طریقے بیان کئے گئے ہوں۔

۱۰) ایک نقشہ بنایئے جس میں کسی سماجی بیماری جیسے جہیز کی لعنت، چھوت چھات، جنس کی بنیاد پر تفریق اور مذہبی منافرت کے نقصانات بیان کئے گئے ہوں۔

۱۱) زندگی کی مہارت سے متعلق کسی ہنر کو ظاہر کرتا نقشہ تیار کیجئے۔

۱۲) کیڑے مار ادویہ اور پلاسٹک کے مضر اثرات کو اجاگر کرتا نقشہ بنایئے۔

۱۳) ایک نقشہ بنایئے جس میں ماحول کے تحفظ کی بات پیش کی گئی ہو جیسے جنگلات کا تحفظ، جانوروں کا تحفظ، خطرے میں پڑے جانوروں کی نسل اور پانی کے ذخائر کے تحفظ کی بات پیش کی گئی ہو۔

۱۴) ایک نقشہ بنایئے جس میں ہندوستان کے دستور کی مختلف دفعات کو نمایاں کیا گیا ہو اور اس میں شہریوں کے بنیادی حقوق، بنیادی فرائض، رہنمایانہ اصول اور قومی نشان کی تفصیلات پیش کی گئی ہوں۔

۱۵) ایک نقشہ بنایئے جس میں این سی سی، این ایس ایس اور این جی سی جیسی تنظیموں کے مثالی کاموں کو بیان کیا گیا ہو۔

بسم اللہ الرحمٰن الرحیم

رَبِّ زِدْنِي عِلْماً ۔اے اللہ میرے علم میں اضافہ فرما(آمین)

یونٹ 1

اخلاقیات اور انسانی قدریں

Ethics and Human Values

اخلاقیات انسان کے اچھے اور برے طرزعمل کے مطالعے کا نام ہے۔ یہ انسانی طرزعمل کا عمومی نظریہ ہے جس کے تحت دیکھا جاتا ہے کہ انسان کن باتوں کو اچھا سمجھتا ہے اور کن باتوں کو برا۔ اخلاقیات کو انگریزی میں Ethics کہا جاتا ہے۔ یہ یونانی لفظ Etos سے بنا ہے۔ جس کے معنی کردار، عادت اور رسم کے ہیں۔ اسی طرح اخلاقی فلسفہ Moral Philosophy کی اصطلاح لاطینی لفظ Mores سے بنی ہے جس کے معنی عادات اور رسوم کے ہیں۔ اس طرح ہم کہہ سکتے ہیں کہ اخلاقیات انسانوں کی عادات اور رسوم کے مطالعے کا نام ہے۔ اور ان کی بنیاد وہ اصول ہیں جن پر یہ عادتیں اور انسانی اعمال منحصر ہوتے ہیں۔ یہ اصولوں کے اچھے یا برے ہونے کا مطالعہ ہے۔ اور عادتوں کے اچھے یا برے ہونے کو طے کرتا ہے۔ اصطلاحات ''اچھا'' اور ''برا'' کی وضاحت ضروری ہے۔

درست۔**Right**:۔درست Right لاطینی زبان کے لفظ rectus سے بنی ہے جس کے معنی سیدھے یا اصول کے مطابق کے ہیں۔ اس سے متعلقہ یونانی لفظ sikalos ہے۔ جس کے معنی اصول کے ہیں۔ جب ہم کہتے ہیں کہ طرزعمل درست ہے اس کا مطلب یہ ہے کہ یہ اصول کے مطابق ہے۔ اور اس سے کچھ نتیجہ حاصل ہو۔ اس کے لئے ہم اچھا کی اصطلاح بھی استعمال کرتے ہیں۔ اصطلاح Good کا تعلق جرمن زبان کے لفظ gut سے ہے۔ اور اس کا مفہوم یہ

ہے کہ ایسی بات جو کسی کے ہاں قدر رکھتی ہو۔ مثال کے طور پر کہا جاتا ہے کہ کسی بیماری کے علاج کے لئے فلاں دوا بہتر ہے یا مناسب ہے۔ اسی طرح ہم کسی طرز عمل کو اچھا اس وقت کہتے ہیں جب کہ وہ مثالی ہو اور دیگر لوگوں کے لئے بھی قابل عمل ہو۔ توجہ طلب بات ہے کہ جب کسی بات کی اچھائی کی انتہا ہوتی ہے تب بھی اسے درست کہا جاتا ہے۔ ایسی کئی انتہائیں ہیں جن کی جانب ہمارے اعمال کا رخ ہوتا ہے۔ جیسے مکان کی تعمیر' ایک کتاب لکھنا' امتحان میں کامیابی وغیرہ۔ چونکہ اخلاقیات طرز عمل کا مطالعہ ہے اور بہ حیثیت مجموعی یہ تمام افعال کا احاطہ کرتا ہے۔ اس لئے اچھے اخلاق کا مطلب دائمی مسرت ہے۔ کہ انسان ایسی زندگی گذارے کہ اسے زندگی میں بھرپور خوشی اور مسرت حاصل ہو۔ انسان کو دولت' کامیابی' اقتدار اور دیگر کئی باتوں کا چاہت ہوتی ہے۔ انسان خواہشات کی تکمیل چاہتا ہے لیکن اگر یہ خواہشات مسرت کے ساتھ حاصل ہوں تو یہ بہتر اخلاق کی بات ہے۔ اس لئے کہا گیا ہے کہ اخلاقیات ایک ایسا علم ہے جس میں انسانی زندگی کی مثالی باتیں شامل ہوتی ہیں۔

wrong غلط: انسان کے لئے کچھ باتیں غلط بھی ہوتی ہیں۔ جس سماج میں انسان زندگی گذارتا ہے وہاں مذہب کی جانب سے' آسمانی کتابوں کی جانب سے بزرگوں کی جانب سے اور مقامی حکومت یا خاندان اور سماج کی جانب سے کچھ باتوں کو ناپسند کہا جاتا ہے انہیں نہیں کرنا چاہئے اور ان سے بچتے رہنا ہی بہتر اخلاق سمجھا جاتا ہے۔

اخلاقیات کی نوعیت :Nature of Ethics: اخلاقیات کا مضمون کسی بھی شعبے میں درست باتوں کی انتہا کو پیش کرتا ہے۔ دنیا میں کئی علوم ہیں جیسے سائینس سماجی علم ریاضی' نباتات 'حیوانات وغیرہ۔ جو مقررہ وقت میں مخصوص لوگوں کے لئے کام آتے ہیں۔ جب کہ اخلاقیات کا علم دنیا کے ہر انسان کے فائدے کا علم ہے۔ دنیا کے علوم کے مقابلے میں اخلاقیات کے علم کی تمام علوم پر فوقیت ہے یہ ایک عملی سائینس ہے۔ جس سے انسانی زندگی میں حقیقی مسرت اور سکون حاصل

ہوسکتا ہے۔

اخلاقیات یا Ethics ہر زمانے میں سماجی زندگی کا ایک اہم مطالعہ تصور کیا جاتا ہے۔ باشعور معاشرے میں لوگوں کی یہ کوشش رہتی ہے کہ وہ آپس میں میل جول کے ساتھ پرامن اور خوشحال زندگی گذاریں۔ انسانیت کی ترقی کے ساتھ جو ملک بنے حکومتیں بنیں تو سماج میں امن وسکون لانے کے لئے حکومت کی جانب سے قوانین بنائے گئے۔ جن پر عمل آوری لازمی ہوتی ہے اور عمل نہ کرنے پر سزا ملتی ہے۔ جیسے ٹریفک کو باقاعدہ بنانے کے لئے سگنل ہوتا ہے تاکہ لوگ پرسکون انداز میں سفر کرسکیں۔ اگر کوئی سگنل کی پرواہ کئے بغیر آگے بڑھ جائے تو اسے قانون کے تحت چالان کیا جاتا ہے تاکہ سماج میں سکون رہے۔ یہی حال دیگر سماجی قوانین کا بھی ہے۔ اس کے ساتھ ساتھ معاشرے میں خود سے تیار کردہ کچھ اخلاقی باتیں بھی ہوتی ہیں جیسے پڑوسیوں کو نہ ستانا ان کا خیال رکھنا' غریبوں کی مدد کرنا' سرکاری املاک کی حفاظت کرنا وغیرہ۔ پڑوسی کا خیال رکھنا اخلاقی بات ہے اس کے لئے حکومت کی جانب سے کوئی قانون لاگو نہیں ہوتا۔ بس انسان کی تعلیم ہی ہوتی ہے جو اسے اس بات کی جانب مائل کرتی ہے کہ وہ اپنے پڑوسی کو تکلیف نہ دے اس کے دکھ درد میں اس کا ساتھ دے وغیرہ۔ اس طرح ہم کہہ سکتے ہیں کہ اخلاقیات کا مضمون قوانین فراہم نہیں کرتا بلکہ ایسے اصول دیتا ہے جس سے انسان بہتر زندگی گذار سکتا ہے۔ اخلاقیات کے اصول کہیں کتابوں میں لکھے نہیں ہوتے بلکہ یہ معاشرے میں رہتے رہتے ہوئے انسان سیکھ لیتا ہے اور ان پر عمل پیرا ہوتا ہے۔ والدین کو بھی چاہئے کہ وہ اپنے بچوں کو اچھے اصولوں کی تعلیم دیں۔ اور اساتذہ کی بھی ذمہ داری ہے کہ وہ اپنے طلبا کو روزانہ کی تعلیم کے ساتھ اچھے اخلاق 'اقدار کی تعلیم دیں اور انہیں ایک بہتر شہری بنانے میں مدد دیں۔ اگر آج کے بچے اچھے اخلاق کے زیور سے آراستہ نہیں ہونگے تو ملک کی باگ ڈور ایسے بگڑے نوجوانوں کے ہاتھ میں ہوگی جس سے ملک کے شہریوں کی زندگی خطرے میں ہوگی۔ اور آج دیکھا جارہا ہے کہ لوگوں میں

آنے والی اخلاقی گراوٹ سے زندگی میں ہر طرف بے چینی اور پریشانی پھیلی ہوئی ہے۔آج انسان کے ہاتھوں انسان مارا جارہا ہے لوٹا جارہا ہے اور برباد کیا جارہا ہے۔انسان حیوان سے بد تر ہوگیا ہے۔جس کی مثالیں ہمیں اخباروں کے ذریعے پڑھنے کوملتی ہیں۔ایسے میں ضروری ہے کہ بچوں کی اخلاقی تربیت کی جائے اور انہیں ایک بااخلاق اور فرض شناس شہری بنایا جائے۔

جواب:اچھا برتاؤ۔Good Behaviour: انسان گھر' خاندان اور معاشرے میں رہتا ہے۔اس کے اطراف جانے انجانے لوگ رہتے ہیں۔انسان کو اپنی ضروریات کی تکمیل کے لئے ایک دوسرے سے رابطہ میں رہنا پڑتا ہے۔انسان ایک دوسرے سے بات کرتا ہے اور ان سے اچھے یا برے طریقے سے پیش آتا ہے۔سماج میں اچھا انسان وہی ہے جو دوسروں کے ساتھ اچھا برتاؤ کرے لوگوں سے ہنس بول کر بات کرے۔لوگوں کے دکھ درد میں شریک ہو۔ ہمدردی کا اظہار کرے اور اپنے متعلقین سے بھی اچھے انداز میں پیش آئے۔اس سے اس کے برتاؤ' طرز عمل کا اندازہ ہوتا ہے۔سماج میں لوگ جن باتوں کو پسند کریں انسان اسی طرح پیش ہو تو اسے اچھا انسان کہا جاتا ہے کچھ لوگ دوسروں کو تکلیف دے کر خود راحت اور چین حاصل کرنے کی کوشش کرتے ہیں یہ غلط برتاؤ کی علامت ہے۔اس سے نہ لوگ خوش رہیں گے نہ وہ اس لئے ضروری ہے کہ انسان سماج کا مطالعہ کرے اور ایسے کام کرے کہ لوگ اس کے برتاؤ سے مطمئن اور خوش ہوں۔

ب) اخلاق اور کردار Character and Conduct: اخلاق اور کردار آپس میں تعلق رکھتے ہیں۔لیکن یہ دیکھنا دلچسپی کا حامل ہوگا کہ اخلاقیات سے ان کا تعلق کیا ہے۔اخلاق سے مراد انسان کے مکمل اعمال ہیں۔انسان زندگی کے مختلف مراحل میں لوگوں سے کیسے پیش آتا ہے اور خود سے کیسے برتاؤ کرتا ہے یہ اس کے اخلاق کا تعین کرتے ہیں۔اسی لئے ارسطو نے کہا کہ اچھے اخلاق بنانے کے لئے اچھی عادتوں کو اپنانا چاہئے۔فرد کی تعمیر اس کے اخلاق سے ہوتی ہے انسان ایسی زندگی گذارے کہ گھر اور سماج اسے پسند کرے یہی اس کے اچھے اخلاق ہیں۔

طرزعمل سے مراد انسان کے تمام اہم اعمال وافعال ہیں۔انسان بلا مقصد کام کرتا ہے اور مقصد کے تحت بھی۔ جو کام مقصد کے تحت کیا جائے اور اس کا کچھ نتیجہ برآمد ہو اس سے انسان کا طرزعمل ظاہر ہوتا ہے۔ بے مقصد کام انسان کے طرزعمل میں شامل نہیں ہو سکتے۔اس طرح انسان کے وہ تمام اعمال اس کے طرزعمل میں شامل ہونگے جو وہ سوچ سمجھ کر کرتا ہے اسی سے اس کے کردار کی شناخت بنتی ہے۔

ج) **طورطریق۔عادت:Habit**: انسان کے اخلاقیات میں اس بات کو اہمیت حاصل ہوتی ہے کہ اس کے طورطریق اور عادتیں اچھی ہوں۔اچھے اطوار ایک علم بھی ہے اور عادت بھی۔اچھے اطوار دائمی ہوتے ہیں اور اگر انسان اچھے اطوار کا مظاہر کرے تو وہ بھی ہمیشہ یاد رکھا جائے گا۔ اچھی عادتیں کیا ہیں اس کا جواب یہی ہے کہ ہمارا سماج اور معاشرہ جن باتوں کو اچھا سمجھے انسان انہیں اپنائے تو وہ اچھے اطوار والا کہلائے گا۔

د) **اچھےاور برے کے درمیان تمیز:Difference Between Good and Bad**

انسان سماج میں رہتا ہے جہاں اسے مسلسل تعلیم ملتی رہتی کہ کیا اچھا ہے اور کیا برا۔تعلیم کا یہ سلسلہ گھر' خاندان' معاشرہ اسکول کالج اور دیگر مقامات پر چلتا رہتا ہے۔اور ہر سنجیدہ انسان اچھے برے کی تمیز رکھتا ہے۔اقدار سے متعلق کسی بھی گفتگو میں اچھے اور برے کی تمیز اہمیت کی حامل ہوتی ہے۔کوئی بات اچھی قدر نہیں کہلائے گی جب تک اس میں اچھے برے کی تمیز نہ ہو۔اچھا برا نہیں ہوتا اور برا اچھا نہیں ہوتا۔ دو متضاد پہلو ہیں۔ہم اچھے کے لئے مناسب' بہتر اور بہترین کے الفاظ استعمال کرتے ہیں اور برے کے لئے بد' بدتر اور بدترین کے الفاظ استعمال کرتے ہیں۔اقدار کو جانچنے کے لئے اچھے اور برے دونوں کا ہونا ضروری ہے جب تک برائی اپنی انتہا کے ساتھ سامنے نہ ہوگی اچھائی کی پہچان مشکل ہے۔ جیسے سفید چاک پیس سے لکھی تحریر کے لئے بلیک بورڈ ہونا ضروری ہے۔اندھیری رات میں ہی تارے نظر آئیں گے دن کے اجالے میں

تارے نظر آنا مشکل ہے۔ یہ انسان کی زندگی میں تقدیر کی بات ہے کہ کسی کو زیادہ خوشیاں میسر ہوتی ہیں اور کسی کو زیادہ غم ملتے ہیں۔ ہر انسان کی خواہش ہوتی ہے کہ اس کی زندگی میں پریشانیاں کم ہوں اور خوشیاں زیادہ ہوں۔ انسان کو جب انتخاب کا موقع ملے تو وہ اپنے لئے خوشی اور مسرت کو ہی منتخب کرے گا غم کو نہیں۔ زندگی میں خدا کی طرف سے یہ بھی انتظام ہوتا ہے کہ جب کسی کو مسلسل خوشی ملے تو وہ خوشی کی اہمیت کو نہیں جانتا اس لئے انسان کو خدا کی طرف سے غم بھی ملتے ہیں تاکہ غم کے بعد آنے والی خوشی کا مزہ اسے زیادہ محسوس ہو۔ بہر حال خوشی اور مسرت کی پہچان کے لئے دنیا میں غم بھی ہیں لیکن انسان اپنے علم اور جستجو کے ذریعے کوشش کرتا ہے کہ اس کی زندگی ہر حال میں پرسکون گذرے۔

اخلاقیات مضمون کا اہم حصہ بزرگوں کا احترام کرنا ہے۔ بچوں کے لئے لازمی ہے کہ وہ اپنے گھر اور سماج میں بڑے لوگوں اور بزرگوں کا احترام کریں۔ وہ ہر لحاظ سے بچوں اور نوجوانوں سے بڑے اور تجربہ کار ہوتے ہیں۔ بڑھاپے میں وہ کمزرو ہو جاتے ہیں اور اپنے بچوں کے سہارے کی ضرورت محسوس کرتے ہیں۔ بچوں میں اپنے آپ سے نظم وضبط اور اچھے اخلاق پروان چڑھنے چاہئیں۔ بچوں کو طے شدہ قوانین کی پاسداری کرنے کے بجائے انہیں اپنے آپ سے نظم وضبط کا پابند بنانے کی عادت ڈالنا چاہئے۔ انہیں یہ محسوس کرنے کا موقع حاصل ہونا چاہئے کہ اچھا برتاؤ کیا ہوتا ہے۔ اور ذمہ داری کا احساس کیا ہوتا ہے۔ اس کے لئے والدین کو چاہئے کہ وہ بچوں میں خود اعتمادی پیدا کریں۔ ان کی اس انداز میں تربیت کریں کہ وہ دوسروں کا خیال رکھنے والے بنیں۔ ایمان دار بنیں۔ اس کے لئے ضروری ہے کہ والدین بچوں کے سامنے مثالی زندگی کا نمونہ پیش کریں۔ اگر والدین غلط کام کرتے رہیں اور بچوں سے کہیں کہ وہ اس طرح کی غلطیاں نہ کریں بلکہ اچھے کام کرتے رہیں تو یہ ناممکن ہے۔ والدین بچوں کے ساتھ مل کر بیٹھیں۔ انہیں اچھی اخلاقی باتیں سکھائیں۔ بچوں کو سکھایا جائے کہ وہ کیسے اپنے بزرگوں کا احترام کریں۔

موجودہ سماج میں بزرگوں کا احترام: ''بزرگوں کا احترام کرو'' ہمارے بچپن کا ایک بنیادی سبق تھا جسے ہمیں پڑھایا گیا تھا۔ جب اس کی وجہہ پوچھی جاتی تو کہا جاتا کہ یہ اچھے اخلاق کی بات ہے۔ بڑے کہتے کہ ہم آپ کے بزرگ ہیں آپ کو ہماری بات ماننی چاہئے۔ آیئے دیکھتے ہیں کہ وہ کیا عوامل ہیں جن کی وجہہ سے ہمیں بزرگوں کا احترام کرنا چاہئے۔ اندازہ لگایئے کہ آپ بس میں سفر کر رہے ہیں آپ کو آرام سے بیٹھنے کے لئے سیٹ مل گئی ہے لیکن آپ دیکھتے ہیں کہ پاس ہی آپ سے بڑی عمر کے ایک صاحب کھڑے ہوئے ہیں انہیں بیٹھنے کے لئے جگہ دستیاب نہیں ہے۔ کیا آپ بیٹھے رہیں گے اور بزرگوں کو کھڑے ہونے کی تکلیف دیتے رہیں گے۔ نہیں بلکہ آپ میں قوت اور طاقت ہے آپ کھڑے ہو کر بزرگوں کو آرام سے نشست پر بٹھائیں گے۔ خود تکلیف جھیلیں گے اور اپنے بزرگوں کو راحت پہونچائیں گے۔ یہ ہمارے بہتر اخلاق ہیں۔ اگر ہم اپنے برے اخلاق کے مظاہرے سے خود سیٹ پر بیٹھ کر بزرگوں کو کھڑے ہونے کی تکلیف دیں گے تو یاد رکھیئے گے آنے والے زمانے میں آپ کے بچے بھی زندگی کی مشکل راہوں میں آپ کو تکلیف میں چھوڑ کر خود آرام سے رہ جائیں گے۔ جیسے کہ آج کل مغربی ممالک میں بچے اپنے بوڑھے والدین کو اولڈ ایج ہوم میں رکھ رہے ہیں۔ یہ ایسا ہی ہے کہ جیسا بیج بوؤ گے ویسا پھل کاٹو گے۔ اس لئے آیئے ہم عہد کریں کہ آج ہی سے ہم اپنے بزرگوں کا احترام کریں گے اور امید کرتے ہیں کہ کل ہمارے بچے بھی ہمارا احترام کریں۔ عزت دو عزت لو یہی اس دور کا پیغام ہو۔ ایک بچہ گرنے کے قریب ہوتا ہے تو ہم آگے بڑھ کر اسے تھام لیتے ہیں۔ یہی حال بزرگوں کا ہے کہ جب انہیں سہارے کی ضرورت ہوتی ہے تو ہم انہیں آگے بڑھ کر سہارا دینا چاہئے۔ جب ہم بچے ہوتے ہیں تو ہماری مدد وہ سب لوگ کرتے ہیں جنہیں ہم جانتے ہوں یا نہ جانتے ہوں۔ بچے بڑوں کے سہارے کے بغیر پروان نہیں چڑھ سکتے۔ اسی طرح جب ہمارے بزرگوں کو صحت کے مسائل ہوتے ہوں تو ان کے نوجوان اور طاقت ور بچوں کی ذمہ داری ہوتی

ہے کہ وہ اپنے والدین اور بزرگوں کے لئے سہارا بنیں اور ان کی مدد کریں۔ یہ اس مدد کا جواب ہے جب ہمیں اپنے بچپن میں محفوظ زندگی فراہم کرنے کے لئے ہمارے والدین نے راتوں کی نینداور دن کا چین وسکون کھودیا تھا۔ بچوں کو اس بات کا احساس ہونا چاہئے کہ ان کی والدین نے ان کی پرورش کے لئے کیا کیا تکالیف برداشت کیں۔ مقولہ درست ہے کہ انسان کی آنکھوں سے اس کی دانائی، عمر اور تجربہ جھلکتا ہے درست ہے۔ والدین اور خاندان کے بزرگ عمر کے ساتھ تجربہ کار ہوتے جاتے ہیں وہ جانتے ہیں کہ ان کے بچوں کے لئے اچھا کیا ہے اور برا کیا ہے۔ اس وجہ سے بھی بچوں کو اپنے بزرگوں کا احترام کرنا چاہئے۔ اونچی چٹانوں پر چڑھائی کرنے والوں میں سب سے آگے تجربہ کار مہم جو ہوتا ہے جو اپنے پیچھے نا تجربہ کار مہم جو افراد کو ایک ایک قدم سنبھل کر ڈالنے کا راستہ دکھاتا ہے۔ اگر نا تجربہ کار کو سامنے رکھا جائے تو سب کی زندگی خطرے میں پڑسکتی ہے۔ تجربہ کار لوگوں کا احترام کرتے ہوئے ہمیں ان سے کچھ نہ کچھ سیکھتے رہنا چاہئے۔ ہماری زندگی بہت مختصر ہے ہم اگر ہر کام کا تجربہ کرتے جائیں گے اور اس کے اچھے برے نتائج سے واقفیت کے بعد عمل کرنے کا سوچیں گے تو اس کے لئے وقت اور زندگی مہلت نہ دے گی اس لئے کہا جاتا ہے کہ زندگی میں کم وقت میں نمایاں کامیابی حاصل کرنے کے لئے ضروری ہے کہ ہمارے اسلاف اور بزرگوں کے کارناموں سے سبق حاصل کیا جائے۔ جن باتوں سے ناکامی ہوتی ہو ان سے بچا جائے اور جن باتوں سے کامیابی ملتی ہے انہیں اختیار کیا جائے۔ ہمارے بزرگ ہم سے محبت کرتے ہیں۔ ہم کو نسلوں کے درمیان فرق کو سمجھنا چاہئے اور ہمیں چاہئے کہ ہم اپنے سوچ سے اتر کر ان کے جذبات کا احترام کریں۔ بڑوں کو حق ہے کہ وہ ہماری زندگی کے اچھے برے فیصلوں پر اپنی رائے دیں۔ ہمیں ان کی رائے کا احترام کرنا چاہئے۔ ہمیں ان کا شکر گذار ہونا چاہئے کہ انہوں نے مصیبتیں جھیل کر ہماری پرورش کی۔ اس بارے میں ان کے لئے ہمارا حقیر تحفہ یہی ہوگا کہ ہم ان کا احترام کریں اور ان کی عزت کریں۔

ہندوستان میں شادی بیاہ میں رسومات کو بہت بڑا عمل دخل ہوتا ہے۔ اور خاندان کے بڑے اور بزرگ ان رسومات کی ادائیگی میں اہم رول ادا کرتے ہیں اس لئے شادی بیاہ جیسی تقاریب خاندان کے بزرگوں کی مرضی سے ادا کی جانی چاہئیں۔ رسم وراج کو خاندان کے بزرگ ہی بہتر طور پر سمجھتے ہیں۔ اور وہی درست طریقے سے ان پر عمل کراتے ہیں۔ ہر خاندان کے اپنے رسوم ورواج ہوتے ہیں جو وہ اپنی آنے والی نسلوں کو منتقل کرتے رہتے ہیں۔ خاندان کے بزرگ اپنے اسلاف کے تہذیبی ورثے کو دوسری نسلوں کو منتقل کرتے ہیں۔ اس لئے ضروری ہے کہ نوجوان ان کا احترام کریں۔ خاندانی رسومات بھی کسی کلاسیکی فلم سے کم نہیں ہوتیں۔ ہمیں خاندان کی پرانی باتوں کو کہانی کے طور پر سننا ہوگا اور انہیں ادب واحترام کے ساتھ ماننا ہوگا۔ اسلاف کے کارنامے سننے سے پتہ چلے گا کہ ہمارے خاندان کی جڑیں کہاں تک پھیلی ہوئی ہیں اور خاندان کے بزرگوں نے کیا کارنامے انجام دئے ہیں۔ ہمیں اپنے اسلاف کا شکر گذار ہونا چاہئے کہ انہوں نے اپنے خاندان کے ورثے کو اگلی نسلوں تک بہ حفاظت منتقل کیا۔

خاندان کے بزرگ بتاتے ہیں کہ کیا درست ہے اور کیا غلط۔ وہ ہمیں اخلاق سکھاتے ہیں۔ سماج ایک عمارت کی طرح ہے اگر اس کی بنیاد کمزور ہو تو اوپر کی عمارت بھی کمزور ہوگی۔ ہمارے بزرگ سماج کی عمارت کے کھمبے ہیں۔ ایک انسان کو اس کے کردار سے پرکھا جاتا ہے اور انسان کا کردار اس کے بزرگ بناتے ہیں۔ بچپن میں بڑے لوگ بچوں کے ہر دکھ درد کا خیال رکھتے ہیں انہیں بغیر تکلیف دئے پروان چڑھاتے ہیں ان کی غذا اور ان کی صحت کا خیال رکھتے ہیں اور انہیں بہتر انسان بناتے ہیں۔ ہم ان کی محبت حاصل کرتے ہیں ان کی تربیت سے اچھے کردار کے حامل انسان بنتے ہیں۔ عزت محبت کا حصہ ہے۔ عزت کے بغیر محبت کا تصور نہیں۔ زندگی میں اس وقت آسانی محسوس ہوتی ہے جب ہم تکلیف میں ہوں تو ہمارے دکھ درد بٹانے اور مشکل وقت میں حوصلہ دلانے کے لئے ہمارے بزرگ ہمارے ساتھ ہوتے ہیں۔ نوجوانی کا دور

الجھنوں اور تناؤ کا دور ہوتا ہے۔خوش قسمت ہیں وہ نوجوان جن کے ساتھ مشکل اوقات میں ان کے والدین اور خاندان کے دیگر بزرگ ساتھ ہوتے ہیں۔ بڑے لوگ جب اس طرح کی مشکلات میں پڑے تو وہ کیسے ان مشکلوں سے نکلے وہ اپنے بچوں کے ساتھ تجربات بیان کرتے ہیں۔جس سے نوجوانوں کی مشکلات دور ہوتی ہیں۔ بڑے تجربات کی بنیاد پر اچھے مشورے دیتے ہیں۔جن پر عمل کرتے ہوئے نوجوان مسائل حل کر سکتے ہیں۔ بڑوں کا احترام کرتے ہوئے ہمیں ان باتوں کا خیال رکھنا چاہیئے۔

☆ بڑوں کے مشورے غور سے سنے جائیں۔کیونکہ بڑے عمر میں زیادہ ہوتے ہیں اس لئے ان کے ساتھ تجربات کی روشنی ہوتی ہے جس کی مدد سے وہ بچوں کو ایسے مشورے دیتے ہیں جن پر عمل کرنے سے بچوں کے مسائل دور ہوسکتے ہیں۔

☆ بزرگوں کو مدد کی پیشکش کیجیئے اس سے وہ خوش ہونگے۔اور آپ کی تعریف کریں گے۔ایک مدد سے ان کی زندگی میں خوشیوں کی بہار آسکتی ہے۔

☆ نرم رویے سے بات کریں۔جی اور شکریہ کے الفاظ استعمال کریں۔وہ آپ کی بات چیت سے خوش ہوں گے۔

☆ ان کے لئے تفریح کا باعث بنیں۔ان سے ہنس بول کر بات کریں۔انہیں تفریح کا موقع دیں ان کی پسند کا لحاظ رکھیں۔ان کے آرام کے ہر لمحہ خیال رکھیں۔ بیماری میں ان کی تیمارداری کریں۔اور ان کا اچھے سے اچھا علاج کرائیں۔

☆ ان کی زندگی میں دلچسپی دکھائیں۔ان کی زندگی کے پرانے واقعات پوچھیں۔ وہ خوش ہونگے اور اپنی زندگی کے واقعات اور تجربات سے آپ کو واقف کراتے رہیں گے۔

☆ بزرگوں کے دوست بنیں۔ان کے لئے اخبار یا کتابیں پڑھ کر سنائیں ان کے ساتھ چائے کافی پیئیں ان کے ساتھ چہل قدمی کریں اور وقت گذاریں۔

☆ عمر گذرنے کے ساتھ بزرگ چڑ چڑے مزاج کے ہوتے جاتے ہیں وہ ہر بات اپنے بچوں تھوپنے کی کوشش کرتے ہیں ان کی باتیں پرسکون انداز میں سنیں اگر وہ غلطی پر بھی ہوں تو صبر وسکون کے ساتھ بات کریں اور مسئلے کو سلجھانے کی کوشش کریں۔ بہرحال بچوں اور نوجوانوں کے لئے ضروری ہے کہ وہ تنہا زندگی گذارنے کی عادت نہ ڈالیں اپنے بزرگوں کو ساتھ رکھیں اور ان کے تجربات سے استفادہ کرتے ہوئے اپنی زندگی کی مشکل راہوں کو آسان بنائیں۔

یونٹ 2

ہندوستانی دستور کی قدریں

The Constitutional Values of India

ہندوستان ایک جمہوری ملک ہے جو انگریزوں کے اقتدار سے 15 اگست 1947ء کو آزاد ہوا۔ جب ہندوستان کی آزادی یقینی نظر آرہی تھی تو اس ملک میں طرز حکومت اور ملک کے شہریوں کو ملنے والے حقوق اوران کی زمہ داریوں اور فرائض کو طے کرنے کے لئے ایک دستور بنایا گیا۔ بی آر امبیڈکر کی صدارت میں قائم دستور ساز کمیٹی نے کافی غور وخوص کے بعد ہندوستان کا دستور تشکیل دیا۔ ہندوستان کا دستور تحریری شکل میں موجود ہے۔ دستور کسی بھی ملک کو چلانے کی اہم دستاویز ہوتی ہے۔ اس میں حکومت کے ڈھانچے' اس کے اختیارات اور شہریوں کے حقوق سب شامل ہوتے ہیں۔ ہندوستان کے دستور میں 395 دفعات اور 8 جدولیں ہیں۔ ہندوستان کی دستور ساز اسمبلی کا قیام 1946ء میں عمل میں آیا۔ ہندوستان کی جدجہد آزادی کے تمام اہم رہنما اس دستور ساز کمیٹی کے رکن تھے۔ مسودہ ساز کمیٹی نے کافی غور وفکر اور تبادلہ خیال کے بعد دستور ہند کو مکمل کیا۔ ہندوستان کی آزادی کے بعد 26 جنوری 1949ء کو دستور منظور کیا گیا اور اس کے ٹھیک ایک سال بعد سے اس پر عمل آوری شروع ہوئی۔

دستور کا آغاز اس جملے سے ہوتا ہ کہ ''ہندوستان ایک خودمختار' سماجی' غیر مذہبی جمہوری مملکت ہے''۔ اس جملے میں سماجی اور غیر مذہبی الفاظ کی شمولیت دستوری ترمیم کے ذریعے 1976ء میں کی گئی۔ لفظ خودمختار کا مطلب ہندوستان کی اپنی طے شدہ سرحدیں ہیں۔ اور یہ کسی بھی بیرونی طاقت کے اثر سے آزاد ہے۔ جمہوری ملک میں اقتدار اعلی ملک کے عوام کے ہاتھ میں ہوتا ہے۔ جو آزادانہ اور منصفانہ انتخابات کے ذریعے اپنے نمائیندوں کا ووٹ کے ذریعے انتخاب کرتے

ہیں۔ ہندوستان میں اقتدار کسی بادشاہ کے ہاتھ نہیں ہوتا اور نہ یہ ورثے میں منتقل ہوتا ہے۔سماجی مملکت میں تمام فیصلے مقررہ قوانین کے مطابق اکثریتی فیصلے سے لئے جاتے ہیں۔غیر مذہبی ملک میں حکومت مذہب سے متعلق کسی بھی معاملے میں مداخلت نہیں کرتی۔ ملک میں تمام مذاہب کے لوگوں کو ان کے مذہب پر عمل کرنے کی مکمل آزادی اور اختیار رہتا ہے۔

دستور ساز اسمبلی نے ہندوستانی دستور میں کچھ بنیادی باتیں پیش کی ہیں۔ یہ وہ مثالی باتیں ہیں جو ہندوستانی عوام میں انصاف' آزادی' مساوات اور آپسی بھائی چارے کو فروغ دیتی ہیں۔

انصاف: ملک کے تمام شہریوں کو سیاسی انصاف' معاشی انصاف اور سماجی انصاف کی فراہمی کو یقینی بنایا گیا ہے۔

آزادی: دستور ہند میں تمام شہریوں کو اظہار خیال کی آزادی' بات کرنے کی آزادی' اپنے مذہب' عقیدے اور عبادات میں آزادی دی گئی ہے۔

مساوات: دستور ہند میں تمام شہریوں کو مواقع اور پوزیشن کی مساوات کا تیقن دیا گیا ہے۔

آپسی بھائی چارہ: دستور ہند میں ہندوستان کو آپسی بھائی چارے والا ملک قرار دیا گیا ہے۔اس کا مطلب یہ ہے کہ اس ملک کے تمام شہری آپس میں بھائی بھائی کی طرح رہیں گے۔ دستور میں فرد کے وقار اور ملک کے اتحاد کی بات کہی گئی ہے۔

دستور ہند میں ہندوستانی شہریوں کو بنیادی حقوق فراہم کئے گئے ہیں۔ یہ ہندوستانی جمہوریت کی بنیاد ہیں۔ یہ وہ بنیادی آزادی ہے جسے ہر شہری کو دی گئی ہے۔تا کہ ہندوستان کا ہر شہری اس ملک میں تحفظ اور سکون کے ساتھ اپنی زندگی بسر کر سکے۔اس میں اقلیتوں کے مفادات کا تحفظ بھی شامل ہے۔تا کہ لوگوں میں اتحاد' انصاف اور اخلاقیات پیدا ہوں۔

دستور ہند میں بیان کردہ شہریوں کے بنیادی حقوق: دستور میں شہریوں کو جو بنیادی حقوق دئے گئے ہیں ان میں حق مساوات' حق آزادی' استحصال سے بچنے کا حق' مذہبی آزادی کا حق' ثقافتی و

تعلیمی آزادی کا حق، دستوری مراعات کا حق، بچوں کے لئے لازمی پرائمری تعلیم کا حق۔

ذیل میں ان حقوق کی تفصیلات دی جارہی ہیں۔

حق مساوات:Right to Equality: دستور ہند میں دیئے گئے اس حق کے تحت ملک کے تمام شہریوں کو مذہب، ذات پات، نسل، جنس اور جائے پیدائیش سے متعلق ہر قسم کی تفریق سے حفاظت مہیا کی گئی ہے۔ ملک میں کسی کو بھی کسی کے خلاف ان امور کی بنیاد پر فرق کرنے نہیں دیا جائے گا۔ اس حق کے تحت شہریوں کو ملازمت کے مساوی مواقع فراہم ہونگے اور انہیں ذات پات کی تفریق سے ستایا نہیں جائے گا۔ حق مساوات کے تحت لوگوں کو یہ نام اختیار کرنے کی آزادی نہیں رہے گی کہ وہ اپنے نام کے ساتھ سرکاری اعزازات لگالیں جیس بھارت رتن، پدم بھوشن پدم شری پدم وبھوشن، پرم ویر چکر اور اشوک چکر وغیرہ کیوں کہ یہ اعزاز ملک کے صدر جمہوریہ کی جانب سے مختلف شعبوں میں شاندار کارکردگی پر حکومت کی جانب سے دیا جاتا ہے۔ اپنے نام کے ساتھ یہ اعزاز لگانے کی ہر کسی کو آزادی دستور نہیں دیتا۔

آزادی کا حق Right to Freedom: آزادی جمہوریت کا ایک اہم عنصر ہے۔ دستور ہند میں جو آزادی ملک کے شہریوں کو فراہم کی گئی ہے ان میں اظہار خیال اور تقریر کی آزادی ہے جس میں صحافتی آزادی میں کچھ پابندیاں عائد ہیں۔ بغیر ہتھیاروں کے کسی مقام پر جمع ہونے کی آزادی ہے۔ تنظیم اور ادارے بنانے کی آزادی دی گئی ہے۔ ہندوستان کی کسی بھی علاقے میں سفر کی آزادی دستور کی رو سے فراہم کی گئی ہے۔ کوئی بھی پیشہ اختیار کرنے، تجارت کرنے یا عہدہ حاصل کرنے کی آزدای بھی دستور کی رو سے تمام شہریوں کو فراہم کی گئی ہے۔

استحصال کے خلاف حق Right against Exploitation: دستور ہند کی رو سے جبری مزدوری پر پابندی ہے۔ یعنی مناسب معاوضہ دئے بغیر کسی بھی انسان کو زبردستی کسی کام پر نہیں لگایا جاسکتا۔ اس دفعہ کے تحت بندھوا مزدوری اور گداگری کرانے کو ممنوعہ قرار دیا گیا ہے۔

اس دفعہ کے تحت غلامی اور قحبہ گری کے لئے انسانوں کی اسمگلنگ کو بھی ممنوعہ کیا گیا ہے۔اس کے باجود مملکت کی جانب سے شہریوں کو ضرورت کے تحت لازمی خدمات کے لئے متعین کیا جاسکتا ہے۔ جیسے انتخابی ڈیوٹی' مردم شماری اور دیگر سروے کی ڈیوٹیاں حکومت کی جانب سے لازمی طور پر عائد کی جاتی ہیں۔استحصال کے خلاف حق میں یہ بھی شامل ہے کہ 14 سال سے کم عمر کے بچوں کو فیکٹریوں' کانوں اور مضر صحت ماحول میں کام کرنے کے لئے مجبور نہ کیا جائے۔

مذہبی آزادی کا حق Right to Religion: ہندوستان ایک ایسی سرزمین ہے جہاں کئی مذاہب کے لوگ رہتے ہیں۔اس لئے یہاں مذہبی آزادی اہمیت رکھتی ہے۔ چنانچہ دستور ہند میں تمام شہریوں کو اپنے ضمیر کی آواز پر کسی بھی مذہب کو اختیار کرنے اور اس کی تبلیغ کا حق حاصل ہے۔اس ضمن میں حکومت کے رہنمایانہ اصولوں کی پاسداری ضروری ہے۔کسی بھی شخص کو اپنے مذہب کی ترویج کے لئے محصول دینے کی ضرورت نہیں ہے۔کسی بھی سرکاری تعلیمی ادارے میں مذہبی ہدایات دینے کی اجازت نہیں دی گئی ہے۔خانگی اداروں میں اس کی اجازت ہے۔

ثقافتی اور تعلیمی حق Cultural and Educational Right: دستور ہند میں اقلیتوں کو اپنے اداروں کے قیام کے ذریعے ان کی تہذیب' ثقافت' زبان' رسم الخط کے تحفظ کا حق فراہم کیا گیا ہے۔ چونکہ ہندوستان میں کئی زبانیں بولنے والے لوگ رہتے ہیں اس لئے کثرت میں وحدت لانے کے لئے تعلیم اور ثقافتی تحفظ کے حقوق شہریوں کو فراہم کئے گئے ہیں۔

دستوری اصلاحات کا حق Right to Constitutional Remedies: اس حق کے تحت دیگر دستوری حقوق کا تحفظ فراہم کیا گیا ہے۔ یہ ایک خصوصی دستوری حق ہے۔ اگر حکومت کی جانب سے یا کسی فرد کی جانب سے کسی بھی بنیادی حق کی خلاف ورزی کی جاتی ہے تو اس حق کو استعمال کرتے ہوئے مظلوم شخص ظالم کے خلاف ہائی کورٹ یا سپریم کورٹ میں درخواست دے سکتا ہے۔اور اپنے لئے تحفظ طلب کرسکتا ہے۔حکومت کی جانب سے بنائے گئے

بعض قوانین کو بھی غیر دستوری قرار دیا جاسکتا ہے اگر وہ دستور کے بنیادی حقوق کی خلاف ورزی کرتے ہوں۔ ڈاکٹر بی آر امبیڈکر نے حق اصلاحات کو دستور کی روح قرار دیا تھا۔

بچوں کے لئے لازمی پرائمری تعلیم کا حق Right to Have Compulsory Primary Education for all Children: یہ حق 2002ء میں دستوری ترمیم کے ذریعے شامل کیا گیا۔ اس حق کے تحت 6 سے 14 سال عمر کے درمیان کے تمام بچوں کو حکومت کی جانب سے لازمی طور پر پرائمری تعلیم دینے کی بات کہی گئی ہے۔ کمزور طبقات کے بچوں کے لئے 25% نشستیں سرکاری اور خانگی مدارس میں مختص کی گئی ہیں۔

شہریوں کے بنیادی فرائض Fundamental Duties: بنیادی حقوق اور فرائض ایک سکے کے دو رُخ کی طرح ہیں۔ فرائض کی انجام دہی کہ بغیر کوئی بھی شہری بنیادی حقوق سے فائدہ حاصل نہیں کرسکتا۔ اسی طرح حقوق کے بغیر فرائض بھی نہیں ہو سکتے۔ فرائض سے ہی حقوق نکلتے ہیں۔ دستور میں 1950ء میں بنیادی فرائض شامل نہیں کئے گئے تھے۔ کیونکہ دستور ساز اسمبلی کے اراکین کو اندازہ تھا کہ ملک کے شہری اپنے طور پر فرائض کی انجام دہی کریں گے۔ تاہم یہ اندازہ غلط ثابت ہوا۔ چنانچہ دستور کی 42ویں ترمیم کے ذریعے 1976ء میں شہریوں کے بنیادی فرائض بھی دستور میں شامل کئے گئے۔ تاکہ شہریوں کو بھی ذمہ دار بنایا جاسکے۔ یہ بنیادی فرائض سابقہ سوویت یونین کے دستور سے متاثر ہوکر شامل کئے گئے۔ بنیادی حقوق کے مقابلے میں بنیادی فرائض کو انجام دینے کے لئے قوانین لاگو نہیں کئے جاتے۔ بلکہ یہ عوام کے رویہ پر منحصر ہے کہ وہ اپنے ملک کی کس حد تک خدمت کرتے ہیں۔ چنانچہ ملک کے شہریوں سے یہ امید کی جاتی ہے کہ وہ اپنے لئے ان بنیادی فرائض کو لازمی سمجھیں۔ اور ان پر عمل کرنے کی کوشش کریں۔

1۔ شہریوں کا فرض ہے کہ وہ دستور کا احترام کریں۔ اس کی پاسداری کریں۔ اور اس کے تحت پیش کی گئی باتوں اور اداروں کا احترام کریں۔ جس میں قومی جھنڈے ترنگا اور قومی ترانے کا

احترام بھی شامل ہے۔

2۔شہریوں کا فرض ہے کہ وہ ان نظریات کو پسند کریں اوران پر چلیں جن سے ملک کو آزادی ملی۔

3۔ شہریوں کا فرض ہے کہ وہ ہندوستان کی خودمختاری، اتحاد اور سالمیت کا تحفظ کریں۔

4۔ شہریوں کا فرض ہے کہ وہ جب بھی بلایا جائے ملک کے تحفظ کے لئے لڑنے تیار رہیں اور قومی خدمات کی پیشکشی کے لئے بھی تیار رہیں۔

5۔شہریوں کا فرض ہے کہ وہ ملک کے تمام شہریوں کے درمیان آپسی بھائی چارہ اور ہم آہنگی کو پروان چڑھائیں۔ملک میں خواتین کے تحفظ کے لئے کام کریں۔

6۔شہریوں کا فرض ہے کہ وہ ہمارے ملے جلے کلچر کے عظیم تر ورثے کے تحفظ کے لئے کام کریں۔

7۔شہریوں کا فرض ہے کہ وہ ملک کے فطری ماحول جس میں جنگلات، جھیل، دریا، جنگلی جانور شامل ہیں کی قدر کریں اوراس کے تحفظ کے لئے کام کریں۔

8۔شہریوں کا فرض ہے کہ وہ سائینسی مزاج پیدا کریں۔اورانسانیت اور اصلاحات کا ماحول بنائیں۔

9۔شہریوں کا فرض ہے کہ وہ سرکاری املاک کا تحفظ کریں اور تشدد سے بچیں۔

10۔شہریوں کا فرض ہے کہ وہ انفرادی اور اجتماعی طور پر اس انداز میں ترقی کریں کہ ان کے کارناموں سے ملک کا نام روشن ہواور ملک ترقی کی راہوں پر گامزن ہو۔

11۔ 6 سے 14 سال کی عمر کے درمیان تمام بچوں کو لازمی تعلیم دلانے میں مدد کریں۔

کچھ لوگوں کا خیال ہے کہ یہ بنیادی فرائض منصفانہ نہیں ہیں۔تاہم فرائض کے بغیر حقوق فراہم کرنے سے غیر ذمہ دارانہ رویہ پروان چڑھ سکتا ہے۔اسی طرح بغیر حقوق کے فرائض عائد کردئے جائیں تو اس سے غلامی کی راہ ہموار ہوگی۔اس لئے بنیادی حقوق اور فرائض دونوں

ضروری ہیں۔ ہر ہندوستانی شہری بنیادی فرائض کی نظم وضبط کے ساتھ انجام دہی کے ذریعے ذمہ دارانہ زندگی بسر کرسکتا ہے۔ وہ اپنے حقوق کے ذریعے مثالی شہری بن سکتا ہے۔ اور اپنے لئے اپنے خاندان، سماج اور ملک کے لئے بہتر خدمات انجام دے سکتا ہے۔ اس طرح ملک کی ترقی کے لئے بنیادی حقوق اور فرائض دونوں ضروری ہیں۔

حکومت کی سرکاری پالیسی میں شامل رہنمایانہ اصولوں سے مراد وہ اصول ہیں جو دستور نے حکومت کو دیئے ہیں تاکہ وہ مناسب قانون سازی اور پالیسیوں کے ذریعے سماجی انصاف قائم کر سکے۔ یہ حکومت کے لئے روشنی کی طرح کام کرتے ہیں۔ یہ وہ رہنمایانہ اصول ہیں جو آئیرلینڈ کے دستور اور گاندھی جی کے فلسفے سے متاثر ہو کر تیار کئے گئے ہیں۔ یہ اصول صرف انتظامی اور قانونی پہلو اجاگر نہیں کرتے بلکہ ان کے ذریعے ایسی باتوں کو واضح کیا گیا ہے کہ معاشی خوشحالی بڑھے، شہریوں کو عوامی انصاف ملے اور خارجہ پالیسی مستحکم ہو۔

ملک کے اہم رہنمایانہ اصول اس طرح ہیں۔

1۔ مردوں اور خواتین کو کام کے مساوی تنخواہ۔ حاملہ خواتین کے لئے طبی سہولتیں اور بچے کی فلاح کے لئے تنظیمیں۔

2۔ بچوں اور نوجوانوں کو استحصال سے محفوظ رکھنا اور 6 سال سے کم عمر کے بچوں کے لئے بھی تعلیم کا انتظام کرنا۔

3۔ عوام کے وسائل کی عوام میں تقسیم لوگوں کو زندہ رہنے کے لئے درکار اشیاء کی فراہمی اور صحت عامہ کا خیال رکھنا۔

4۔ درج فہرست طبقات، درج فہرست ذاتوں، معذورین، یتیموں اور دیگر کمزور لوگوں کے تعلیمی اور معاشی مفادات کا تحفظ کرنا۔

5۔ دیہاتوں میں دیہی پنچایت کا انتظام کرنا اور انہیں خود اختیاری فراہم کرنا۔

6۔شہریوں کے لئے یکساں سیول کوڈ تا کہ رتبہ،مذہب' مواقع' آمدنی اور سہولیات کے معاملے میں عدم مساوات کا خاتمہ ہو سکے۔

7۔قومی آمدنی کو ملک کے تمام افراد تک غیر مرکوز کر دینا' سماجی عدم مساوات کا خاتمہ اور کمزور طبقات کا تحفظ

8۔ ماحول کا تحفظ اور اس میں بہتری لانا اور جنگلات اور جانوروں کا تحفظ کرنا زراعت اور تحفظ مویشیاں کا قیام

9۔ بین الاقوامی امن اور تحفظ کو فروغ دینا۔

10۔عمر کا لحاظ کئے بغیر لوگوں میں خواندگی کو عام کرنا۔

الف) ہندوستان کا قومی نشان : ہندوستان کا قومی نشان شہنشاہ اشوک کی تعمیر کردہ سارناتھ کی لاٹ سے لیا گیا ہے۔ ہندوستان کا قومی نشان حکومت ہند کی جانب سے 26 جنوری 1950ء کو اختیار کیا گیا۔قومی نشان میں چار ببر ہوتے ہیں لیکن کسی بھی جانب سے صرف تین ببر ہی دکھائی دیتے ہیں۔تمام ببر ایک تختی پر کھڑے ہیں۔تختی کے مرکز پر ایک چکر کا نشان ہے۔ جو دھرم چکرا کو ظاہر کرتا ہے کہ یہ دائمی قانون کا چکر ہے۔قومی نشان کے نچلے حصے میں ایک طرف بیل کا نشان اور ایک طرف ہاتھی اور شیر کا نشان ہے۔اور نیچے ستیمے جیتے لکھا ہوا ہے جس کے معنی ''سچ کی جیت ہے''۔ ہے۔ ہندوستان کا قومی نشان ملک کے صدر جمہوریہ' مرکزی اور ریاستی حکومتوں کی سرکاری مہر ہے۔قومی نشان صرف سرکاری مقاصد کے لئے استعمال ہوتا ہے۔اور اعلی ترین وفاداری اور وقار کو ظاہر کرتا ہے۔ یہ آزاد ہندوستان کی شناخت اور سالمیت کا بھی نشان ہے۔

ب) بنیادی فرائض کی ضرورت: دستور ہند میں شہریوں کو بنیادی فرائض دئے گئے ہیں۔ جن کی روسے ان پر ذمہ داری ہے کہ وہ ملک کی سالمیت اور بقاء کے لئے کام کریں اور ملک کو ترقی کی راہ پر گامزن کریں۔شہریوں پر جو بنیادی فرائض عائد کئے گئے ہیں وہ اس طرح ہیں۔

۔شہریوں کا فرض ہے کہ وہ دستور کا احترام کریں۔اس کی پاسداری کریں۔اوراس کے تحت پیش کی گئی باتوں اور اداروں کا احترام کریں۔جس میں قومی جھنڈے ترنگا اور قومی ترانے کا احترام بھی شام ہے۔

2۔شہریوں کا فرض ہے کہ وہ ان نظریات کو پسند کریں اوران پر چلیں جن سے ملک کو آزادی ملی۔

3۔ شہریوں کا فرض ہے کہ وہ ہندوستان کی خودمختاری' اتحاد اور سالمیت کا تحفظ کریں۔

4۔ شہریوں کا فرض ہے کہ وہ جب بھی بلایا جائے ملک کے تحفظ کے لئے لڑنے تیار رہیں اور قومی خدمات کی پیشکشی کے لئے بھی تیار رہیں۔

5۔شہریوں کا فرض ہے کہ وہ ملک کے تمام شہریوں کے درمیان آپسی بھائی چارہ اور ہم آہنگی کو پروان چڑھائیں۔ملک میں خواتین کے تحفظ کے لئے کام کریں۔

6۔شہریوں کا فرض ہے کہ وہ ہمارے ملے جلے کلچر کے عظیم ترورثے کے تحفظ کے لئے کام کریں۔

7۔شہریوں کا فرض ہے کہ وہ ملک کے فطری ماحول جس میں جنگلات' جھیل' دریا' جنگلی جانور شامل ہیں کی قدر کریں اوراس کے تحفظ کے لئے کام کریں۔

8۔شہریوں کا فرض ہے کہ وہ سائینسی مزاج پیدا کریں۔اورانسانیت اور اصلاحات کا ماحول بنائیں۔

9۔شہریوں کا فرض ہے کہ وہ سرکاری املاک کا تحفظ کریں اور تشدد سے بچیں۔

10۔شہریوں کا فرض ہے کہ وہ انفرادی اوراجتماعی طور پر اس انداز میں ترقی کریں کہ ان کے کارناموں سے ملک کا نام روشن ہو اور ملک ترقی کی راہوں پر گامزن ہو۔

11۔ 6 سے 14 سال کی عمر کے درمیان تمام بچوں کو لازمی تعلیم دلانے میں مدد کریں۔

ان فرائض کی انجام دہی سے ملک ترقی کرے گا اور حکومت بھی عوام کو ان کے بنیادی حقوق فراہم

کرتی رہے گی۔

ج) دستور ہند کی رو سے بچوں کے بنیادی حقوق: دستور ہند کی رو سے بچوں کے لئے جو بنیادی حق دیا گیا ہے وہ لازمی تعلیم کا حق ہے۔ اس کی رو سے ملک کے تمام 6 سے 14 سال کی عمر کے درمیان کے بچوں کو لازمی تعلیم مفت فراہم کرنا حکومت کی ذمہ داری ہے۔ اسی طرح حکومت نے بچوں سے کام لینے اور انہوں تعلیم سے محروم رکھتے ہوئے بندھوا مزدور بنانے پر بھی پابندی عائد کی ہے۔ اس کا مقصد یہی ہے کہ ہندوستان میں صد فیصد خواندگی عام ہو۔ اور ملک ترقی کی راہ پر گامزن ہو۔

د) دستور کا کردار: دستور ہند ایک غیر جانبدار دستور ہے۔ اس کی رو سے ملک کے تمام شہریوں کو بنیادی حقوق اور بنیادی فرائض فراہم کئے گئے ہیں اور اگر ملک کے کسی شہری پر کسی طرف سے ظلم ہو تو وہ دستور کی فراہم کردہ مراعات کی روشنی میں ہائی کورٹ یا سپریم کورٹ سے رجوع ہو کر اپنے لئے انصاف حاصل کرسکتا ہے۔ اسی طرح حکومت بھی یہ کوشش کرتی ہے کہ دستور کی روشنی میں سماجی انصاف قائم ہو اور ملک کے شہری پر امن اور پر سکون انداز میں رہیں۔

یونٹ 3

فرد اور سماج

Individual and Family

علم روشنی ہے جس سے جہالت کے اندھیرے دور ہوتے ہیں۔انسان کی زندگی میں تعلیم کی بہت اہمیت ہے۔یہی وجہ ہے کہ والدین اپنی اولاد کی اچھی سے اچھی تعلیم کی فکر کرتے ہیں اور اس کے لئے اچھے اسکول اور کالج کا انتخاب کرتے ہیں اور زمانہ طالب علمی میں اس کی جو بھی ضروریات ہیں اس کی تکمیل کی کوشش کرتے ہیں تا کہ ان کا بیٹا یا بیٹی اچھی تعلیم کے زیور سے آراستہ ہوکر والدین، خاندان، قوم اور ملک کا نام روشن کرے۔طالب علمی کی زندگی سیکھنے کی ہوتی ہے۔اس لئے کہا جاتا ہے کہ جس طرح پانی خالی جگہ جمع ہوتا ہے اور ڈھلان کی طرف سفر کرتا ہے اسی طرح نوجوان طالب علم کے اندر بھی علم کی پیاس ہو۔اس کے اندر علم سیکھنے کا جذبہ ہو۔اور وہ ہر اچھی بات کو سیکھنے اور ہر بری بات کو ترک کرنے کے لئے آمادہ ہو۔طالب علم کا پہلا فرض یہ ہے کہ وہ اپنے درجے کی تعلیم میں اول آنے کی فکر کرے اس کے لئے وہ اپنے وقت کی مناسب تنظیم کرے۔فضول کاموں جیسے وقت گذاری کے لئے سیل فون اور انٹرنیٹ کا استعمال نہ کرے۔شام کے وقت جسمانی صحت کے لئے کچھ کھیل کھیلے۔صبح میں ورزش کرے۔متوازن غذا کا استعمال کرے۔بائیک کا شوق نہ رکھے بلکہ کسی دوسری سواری سے کالج جائے۔لڑکیاں ہوں تو وہ بھی اپنے روزمرہ کے کام کی ترتیب بنائیں اور والدین کے مشورے پر زندگی کے کام کریں۔کالج میں پڑھائی پر توجہ دی جائے۔نصاب کی تکمیل اور اسے اچھی طرح سمجھ کر اسے امتحان میں لکھنے کے قابل یاد کرلیں۔کالج کو پابندی سے جائیں۔والدین کی اجازت کے بغیر دوستوں کی بائیک پر سفر کرنا اور ان کے گھر کو نہیں جانا چاہئے اور نہ ہی کسی تفریحی مقام یا تالاب کو جایا جائے۔

لڑکیاں بغیر اجازت کالج کے علاوہ کہیں نہ جائیں۔ بات کرنے کے لئے ایک سادہ فون ساتھ ہو۔ گھر پہونچنے کے بعد مناسب غذا اور دودھ وغیرہ کا استعمال کیا جائے۔ جو پڑھا گیا اس کا اعادہ ہو۔ کچھ دیر کے لئے فون کا استعمال ٹھیک ہے۔ سوشیل میڈیا وقت کو برباد کرتا ہے۔ ہمیں فیصلہ کرنا اہم ہے کہ ہمارا کیریر اہم ہے یا تفریح۔ سوشیل میڈیا کے غلط استعمال سے بہت سے نوجوانوں کی زندگی برباد ہوئی ہے۔ اس لئے نوجوانوں کو چاہئے کہ وہ اپنے کیریر میں وقت کی تنظیم اور اس کی حفاظت پر توجہ دیں۔ انٹرنیٹ سے اپنے موضوع سے متعلق اضافی معلومات دیکھیں۔ اور مستقبل کے پروگرام طے کریں۔ تعلیم کی تکمیل کے ساتھ عارضی ملازمت یا کوئی اچھے ادارے میں تربیت حاصل کریں۔ اپنی زبان دانی کو بہتر بنائیں۔ کیوں کہ آج کل بڑے بڑے عہدوں پر ان ہی لوگوں کا تقرر ہوتا ہے جنہیں اچھی گفتگو کا فن آتا ہے اور وہ انگریزی پر مہارت رکھتے ہوں۔ نوجوان اپنے گھر کا اور اپنے والدین اور خاندان کے بزرگوں اور اساتذہ کا احترام کریں ان کی باتوں کو نظر انداز نہ کریں۔ سگریٹ نوشی اور دیگر نشہ آور ادویا کے قریب نہ جائیں۔ مثالی نوجوانوں کی زندگی سے سبق حاصل کریں۔ اور ان سے بہتر بننے کی کوشش کریں۔ اپنے اندر مثبت سوچ پیدا کریں۔ روزانہ اپنے مقاصد طے کریں اور شام میں جائزہ لیں کہ ان کی تکمیل ہوئی یا نہیں۔ اچھے نوجوانوں سے دوستی رکھیں۔ اور اپنی زندگی کو مثالی بنائیں۔ لوگ اپنے لئے جیتے ہیں نوجوانوں کے لئے ضروری ہے کہ وہ کوئی ایسا کام کریں جس سے ان کی زندگی سنورے اور قوم اور ملک کی خدمت بھی ہو۔ تعلیم اور ملازمت کے بارے میں ہمیشہ اونچی نظر رکھیں اور دولت جمع کرنے کے بارے میں اللہ پر بھروسہ کریں۔ اگر کم پر قناعت کریں گے تو اللہ اور نوازے گا اور اگر زیادہ کی حرص کریں گے تو اللہ پریشانیوں اور دشواریوں میں ڈالے گا۔ اس لئے مثالی زندگی گذارنے کی کوشش کریں۔

ملک میں ویسے تو کئی سماجی برائیاں پھیلی ہوئیں ہیں لیکن چند سماجی برائیاں عام ہیں اور اس سے

ملک کے سماجی ڈھانچے کو بہت نقصان پہونچ رہا ہے۔اور لاکھ کوشش کے باجود یہ سماجی برائیاں مکمل طور پر ختم نہیں ہورہی ہیں۔ضرورت اس بات کی ہے کہ ان کے بارے میں تفصیلی معلومات حاصل کی جائیں اوران کی روک تھام کی کوشش کی جائے وہ تین سماجی برائیاں جہیز کی لعنت' جنس کی بنیاد پر تفریق اور ذات پات کا نظام ہے۔آیئے ان کا تفصیلی مطالعہ کرتے ہیں۔

جہیز کی لعنت: جہیز وہ مال و دولت ہے جو شادی کے موقع پر لڑکی کے والدین لڑکے کو دیتے ہیں تاکہ وہ شادی کے بعد نئی زندگی شروع کرسکیں۔جہیز دینا ایک سماجی لعنت ہے۔اور یہ ہندوستان کے تمام حصوں میں رائج ہے۔ ہندوستان میں کئی رسوم و رواج ختم ہو چکے ہیں۔تاہم جہیز کی رسم نہ صرف باقی ہے بلکہ گذرتے وقت کے ساتھ مزید پھیلتی جارہی ہے۔اوراب یہ ہمارے شادی کے نظام کا لازمی حصہ بنتی جارہی ہے۔جہیز کی لعنت چاروں طرف پھیل گئی ہے۔اوراب تو شادی سے قبل باضابطہ رقمی لین دین کی بات ہونے لگی ہے۔آج یہ لڑکے کے گھر والوں کے لئے عام بات ہوگئی ہے کہ وہ لڑکی کے گھر جاکر نہ صرف جہیز اور گھوڑے جوڑے کی رقم کی بات کرتے ہیں بلکہ جدید ایل ای ڈی ٹی وی اور دوسرے ساز وسامان کا مطالبہ بھی جہیز میں کرتے ہیں۔جب لڑکی کی شادی ہوجاتی ہے تو اکثر گھروں میں کم جہیز لانے کا طعنہ دے کر اس پر مظالم ڈھائے جاتے ہیں اوراس سے غلط برتاؤ بھی اس کے سسرالی رشتے داروں کی جانب سے کیا جاتا ہے۔ بہت سی لڑکیوں پر جب مظالم حد سے زیادہ ہونے لگیں تو لڑکیاں خودکشی بھی کرلیتی ہیں۔کچھ لڑکیوں کو تو بے دردی سے زندہ جلانے کے واقعات بھی سامنے آئے ہیں۔

تاریخ شاہد ہے کہ جہیز کی لعنت کے خلاف ہر زمانے میں آواز اٹھائی گئی ہے۔سماجی مصلحین مہاتما گاندھی اور سوامی دیانند سرسوتی نے جہیز کے خلاف سماجی شعور بیدار کرنے کی کوشش کی۔اس کے علاوہ مخالف جہیز قانون بھی 1961ء میں منظور کیا گیا تھا۔تاہم اس سے بھی کچھ خاطر خواہ فرق نہیں آیا۔قدیم دور میں لڑکی کے والدین شادی کے موقع پر تحفے کے طور پر کچھ

رقم دیتے تھے جو رواج پا کر اب ایک مکمل لعنت بن گئی ہے۔ اور اب شادی کا اہم حصہ بن گئی ہے۔ شادی کے موقع پر لڑکی کی تعلیم اس کے گھرانے کا پس منظر اور دیگر امور پس پشت ڈال دیئے جاتے ہیں۔ اور جہیز طے کیا جاتا ہے۔ اب وقت آ گیا ہے کہ موجودہ دور کے نوجوان جہیز کی لعنت کی مخالفت کریں اور دونوں جنس کے لوگ لڑکا اور لڑکی سماج سے جہیز کی لعنت کو دور کرنے کے لئے پر عزم ہو جائیں۔ موجودہ دور میں لڑکیاں بھی اتنی ہی اچھی تعلیم یافتہ ہوتی جارہی ہیں جتنے کے لڑکے تعلیم یافتہ ہیں۔ لڑکیاں لڑکوں سے کسی معاملے میں پیچھے نہیں ہیں۔ شادی کے موقع پر انہیں اس قدر پر اعتماد ہونا چاہئے کہ اگر کوئی جہیز کا مطالبہ کرے تو اس رشتے کو ہی ٹھکرا دیں۔ لڑکوں کو بھی چاہئے کہ وہ جہیز کا مطالبہ کرنے والے والدین کے دباؤ کا شکار نہ ہوں۔ وہ بھی اپنے اس موقف پر قائم رہیں کہ بغیر جہیز لئے ہی شادی کریں گے۔ شادی کے بعد اگر کسی لڑکی پر جہیز کے لئے ظلم ڈھائے جائیں تو وہ خاموشی سے ظلم نہ سے بلکہ اپنے والدین کو اس کی اطلاع دے اور اس مسئلے کو جلد سے جلد نپٹانے کی کوشش کرے۔ گھریلو تشدد کو یہ سمجھ کر بڑھاوا نہ دیا جائے کہ اس سے مسئلہ حل ہو گا۔ اور یہ لڑکی کی ذمہ داری ہے کہ وہ جہیز نہ لانے پر ظلم سہے۔ لڑکیاں یہ نہ سمجھیں کہ جہیز کی بات باہر آنے سے ان کے والدین کی بے عزتی ہوگی اس لئے وہ ظلم سہتی رہیں۔ لڑکیوں کو یہ حق حاصل ہے کہ وہ اپنے خوابوں کے موافق زندگی بسر کریں۔ والدین کو چاہئے کہ وہ اپنی لڑکیوں میں ہمت اور حوصلہ پیدا کریں اور جب بھی ضرورت ہو لڑکیوں کا ساتھ دینے کے لئے تیار رہیں۔ حکومت نے بھی جہیز کی لعنت پر قابو پانے کے لئے کئی قوانین لاگو کئے ہیں۔ جہیز کا دینا اور لینا قانون کے خلاف ہے۔ تاہم افسوس کی بات ہے کہ کوئی بھی قانون اس وقت تک عمل میں نہیں لایا جا سکتا جب تک کہ اس کے بارے میں عوامی شعور بیدار نہ ہو۔ رضا کارانہ تنظیموں کو سامنے آنا چاہئے اور جہیز کی لعنت کو سماج سے جڑ پیڑ سے اکھاڑ پھینکنے کی کوشش کرنی چاہئے۔ شہروں اور دیہاتوں میں سماجی اصلاحات کے کاموں میں جہیز کی لعنت کو دور کرنے کے کام کو سب سے زیادہ

فوقیت دینی چاہئے۔

جنس کی بنیاد پر تفریق: دور حاضر میں جنس کی بنیاد پر مساوات کا نظریہ اہمیت اختیار کر گیا ہے۔ 1948ء میں معلنہ بین الاقوامی حقوق انسانی اعلامیہ کہتا ہے کہ ''تمام انسان مساوی حقوق اور وقار کے ساتھ آزاد پیدا ہوئے ہیں۔'' دستور ہند بھی اپنے شہریوں کو مساوات' آزادی اور انصاف کا حق دیتا ہے۔اور بلالحاظ جنس مساوات اور مواقع کی فراہمی پر زور دیتا ہے۔

انیسویں صدی میں مغربی مما لک میں خواتین کو ووٹ کا حق حاصل کرنے کے لئے جد جہد کرنا پڑا۔ امریکہ میں بھی غلامی کے دور کے بعد 1865ء سے ایک طویل جد جہد کے بعد خواتین کو حقوق دئے گئے اور 1920ء میں ظلم کے خلاف حق کا موقف دیا گیا۔ ہندوستان میں جب 1950ء میں دستور نافذ العمل ہوا اس وقت سے ہندوستانی شہریوں مردوں اور عورتوں کو ووٹ کا حق اور انتخابات میں حصہ لینے کا حق دیا گیا۔ آج عورتوں کو جائیداد رکھنے کا حق بھی حاصل ہے اور کچھ ترامیم کے بعد مختلف اداروں میں خواتین کو بھی نشستوں میں ایک تہائی تحفظ فراہم کیا جا رہا ہے۔ بہت سے قوانین میں ترمیم کی جا رہی ہے تا کہ خواتین کو ملازمت کی جگہ اور سرکاری مقامات پر زیادہ سے زیادہ تحفظ فراہم کیا جا سکے۔ سخت قوانین جیسے قانون کی دفعہ 498/A کی رو سے عورتوں پر جہیز کا مطالبہ کرنے والے مردوں کے خلاف سخت مخالف جہیز قوانین بنائے گئے ہیں۔ عورتوں پر مظالم جیسے عصمت ریزی' میں ملوث پائے جانے والے مردوں کے خلاف 2013ء میں نربھے قانون کے تحت سزائے موت بھی دی جا سکتی ہے۔ اور عورتوں پر تیزاب پھینکنے اور دیگر مظالم میں ملوث پائے جانے والے مردوں کے خلاف سخت کاروائی کی جا سکتی ہے۔

تاہم سماج میں مظالم کی روک تھام کے لئے قانون سازی سے ہی کچھ نہیں ہوتا۔ قوانین صرف محدود مقاصد کو پورا کرتے ہیں۔ ہندوستان میں لڑکی پیدا ہونے سے پہلے ہی ایک بڑی جنگ سے گذرتی ہے۔ آج کے دور میں ہندوستان کے کئی خاندانوں میں لوگ لڑکے کی

پیدائیش پر خوشیاں مناتے ہیں اور لڑکی کی پیدائیش پر غم مناتے ہیں۔ان کا یقین ہے کہ یہ لڑکا ہی ہوتا ہے جو خاندان کا نام آگے تک لے جاتا ہے۔اور یہ لڑکا ہی ہوگا جو بوڑھے والدین کی دیکھ بھال کرے گا۔اور رسم ورواج کے مطابق والدین کی موت پر ان کی آخری رسومات بھی وہی ادا کرے گا۔جب کہ لڑکی کی پیدائیش پر یہ سوچا جاتا ہے کہ یہ گھر کے لئے بوجھ ہوگی۔اس کی شادی کے موقع پر جہیز دینے اور شادی کے اخراجات میں بہت زیادہ رقم خرچ کرنی پڑے گی۔یہی غلط خیالات کے ساتھ ایک حاملہ ماں پیٹ میں موجود بچے کی جنس معلوم کرنے کے مقامات کو جائے گی اور اسے غیر قانونی طور سے جب یہ پتہ چلے گا کہ اس کے پیٹ میں پلنے والی اولاد لڑکا نہیں بلکہ لڑکی ہے تو سماج کے بے جا بندھنوں میں قید ماں پیدائیش سے پہلے ہی اپنے پیٹ میں پلنے والی معصوم بیٹی کو حمل گرانے کے مراکز کی ظالمانہ حرکتوں سے قتل کردے گی۔اس طرح کئی لڑکیاں دنیا میں آنے سے قبل ہی قتل کردی جارہی ہیں۔ ہریانہ جیسی ریاست میں لڑکیوں کی قبل از پیدائیش قتل کے واقعات زیادہ ہیں اور وہاں لڑکوں کے مقابلے میں لڑکیوں کا تناسب بے حد کم ہے۔اور وہاں کے لڑکوں کو شادی کے لئے دوسرے علاقوں کا رخ کرنا پڑ رہا ہے۔ 2011ء کی مردم شماری میں یہ حیرت انگیز اعداد شمار سامنے آئے ہیں کہ ہر 1000 مردوں کے مقابلے میں عورتوں کا قومی تناسب 940 رہا۔ ہریانہ میں یہ تناسب 1000:879 رہا۔لڑکیوں کے بارے میں یہ افسوس ناک اعداد شمار ظاہر کرتے ہیں کہ ہندوستان میں لڑکیوں کے ساتھ جنس کی بنیاد پر کس قدر تفریق برتی جارہی ہے۔جب کہ کیرالا اور پانڈیچری میں لڑکیوں کا تناسب لڑکوں سے زیادہ ہے۔اگر لڑکی کی پیدائیش ہوتی بھی ہے تو اس بات کی کوئی ضمانت نہیں کہ اس کی مناسب ڈھنگ سے پرورش ہوگی۔جب کہ ایسے کئی واقعات روزانہ اخبارات میں پڑھے جاتے ہیں کہ پیدا ہونے کے بعد ماں باپ نے لڑکی کو چھوڑ دیا۔یا بے دردی سے باہر پھینک دیا۔بہت سے لڑکیاں مناسب اور متوازن غذا نہ ملنے کے سبب بھی آہستہ آہستہ موت کی آغوش میں چلی

جاتی ہیں۔ یہی وجہ ہے کہ ٹامل ناڈو میں پالنا اسکیم 1992ء نافذ کی گئی تھی۔ جس کی رو سے سرکاری طور پر قائم اداروں میں اس طرح کی بچیوں کو گود لینے کی اسکیم رکھی گئی تھی جن کے والدین اپنی لڑکیوں کی پرورش کرنا نہیں چاہتے تھے۔ لڑکیوں کی پرورش کے لئے خصوصی مالی اسکیمات اور فوائد کا بھی حکومت کی جانب سے اعلان کیا گیا تھا۔ یہ خاندان کی سطح پر ہونا چاہئے کہ جنس کی بنیاد پر لڑکوں اور لڑکیوں میں تفریق مٹائی جائے۔ لڑکیوں کو بوجھ نہ سمجھا جائے۔ لڑکیوں کو جب برابر کے مواقع فراہم ہوتے ہیں تو وہ مختلف شعبوں میں لڑکوں سے بہتر مظاہر کرتی ہیں۔ اور اکثر دیکھا گیا کہ لڑکوں کے مقابلے میں لڑکیاں اپنے والدین کی دیکھ بھال کرتی ہوئیں دیکھی گئیں۔ اب یہ والدین کی ذمہ داری ہے کہ وہ لڑکوں کے ساتھ اپنی لڑکیوں کو بھی آگے بڑھنے کے مساوی مواقع فراہم کریں۔ اور دونوں کو ان کی پسند کے مطابق مستقبل کی راہیں طے کرنے کے مواقع فراہم کریں۔ غیر محسوس طریقے سے بھی جنسی عدم تفاوت کو عام ہونے نہ دیا جائے۔ ہم غیر محسوس طریقے سے لڑکوں کو کھلونوں کے طور پر بندوق تحفے میں دیتے ہیں اور لڑکیوں کو گڑیا۔ جس سے پیغام ملتا ہے کہ لڑکے تشدد کی راہ اختیار کریں اور لڑکیاں گھروں کی دیکھ بھال تک ہی محدود رہیں۔ لڑکوں کو بھی اپنی روزمرہ ضروریات زندگی کے لئے گھروں میں کام کرنا چاہئے اور لڑکیوں کو ایسے کاموں میں بھی استعمال کرنا چاہئے جو اکثر مردوں کے لئے ہی مختص سمجھے جاتے ہیں۔ اس طرح لڑکوں اور لڑکیوں میں بچپن سے ہی جنسی مساوات کا نظریہ پروان چڑھانا چاہئے۔

ذات پات کا نظام: انسان ایک سماجی حیوان ہے۔ اور صدیوں سے سماجی تنظیموں کے مختلف انداز اپناتا رہا۔ جس کی وجہ سے یوروپ میں درجہ بندی وجود میں آئی تو ہندوستان میں ذات پات کا نظام وجود میں آیا۔ لفظ cast پرتگالی زبان کے لفظ casta سے وجود میں آیا۔ جس کے معنی نسل کے ہیں۔ سنسکرت میں اس کے متوازی لفظ jati ہے جس کے معنی ذات اور انسان کا خون اور پیدائیش ہے۔ موجودہ دور میں ذات کا مطلب پیدائیش سے کہیں زیادہ ہے۔ یہ اب ہماری سماجی

اور مذہبی نظام میں داخل ہو چکا ہے۔اور یہ تمام ہندوؤں میں تعلقات کی بنیاد طے کرتا ہے۔سماجی اعتبار سے ذات پات کا مطلب ایک ہی قسم کے لوگوں میں اونچ نیچ کو ظاہر کرنا ہے۔ وقت کے گذرنے کے ساتھ ساتھ ذات پات کے نظام میں مذہبی قوانین آتے گئے اور مذہبی رہنما فیصلہ کرنے لگے کہ کس ذات کے کیا اصول ہیں وغیرہ۔

ہندوستان میں اب 300 سے زیادہ ذاتیں اور ذیلی ذاتیں ہیں۔کوئی بھی سماجی ادارہ 'معاشی یا سیاسی ادارہ اس نظام سے الگ ہوتا ہوا دکھائی نہیں دیتا۔ جب کہ ماضی میں چار بڑی ذاتیں تھیں۔ جو برہمن ۔ پجاری' کھتری۔فوجی' ویشیا۔ تاجر'اور شودر۔ ملازم ۔ گیتا میں بھگوان کرشن کا کہنا ہے کہ یہ چار ذاتیں میں نے لوگوں ک گُن صلاحیتوں اور کام کی بنیاد پر بنائی ہیں۔ ان ذاتوں کے لئے سنسکرت لفظ ورنا ہے جس کے معنی رنگ کے ہیں۔سمجھا جاتا ہے کہ ابتدائی تین ذاتیں آرین نسل سے تعلق رکھتی ہیں۔ یہ حقیقت ہے کہ ہندوستان میں رنگ و نسل کی بنیاد پر ذات پات کا نظام فروغ پایا۔

قدیم ہندوستان میں ذات کا مطلب وہ پیشہ تھا جس کے خاندان میں کوئی فرد پیدا ہوتا تھا۔ وقت گذرنے کے ساتھ اس میں بگاڑ پیدا ہوتا گیا اور موجودہ ذات پات کا نظام وجود میں آیا۔ چار ذاتوں میں ہی ہندو سماج تقسیم تھا کہ ایک پ نچویں ذات بھی وجود میں آئی۔اسے پنچما یا پانچویں ذات کہا گیا۔ ہندوستان کے باہر اسے پریا ذات کہا جاتا ہے۔اس ذات کے ارکان کو انتیا جایا خارجی لوگ کہا جاتا ہے۔اس ذات کی بھی ضمنی ذاتیں ہیں۔عصری ہندوستان میں ذات پات کی بنیاد پر چھوت چھات پر پابندی ہے تاہم یہ ہندوستان کے دیہاتوں میں برتی جاتی ہے۔ سماج کے پچھڑے اور غریب طبقات کو عوامی دھارے میں لانے کے لئے حکومت کی جانب سے انہیں تحفظات فراہم کئے گئے اور انہیں معاشی فراخی دی گئی۔

مزدور کے وقار کو بحال کرنے کی ضرورت: سماج میں سفید پوش لوگوں کی قدر کی جاتی ہے اور مزدور

طبقے کو نچلی نظر سے دیکھا جاتا ہے۔ اخلاقی طور پر یہ تفریق غلط ہے۔ خدا نے سب کو یکساں پیدا کیا ہے۔ مزدوری کی بنیاد پر کوئی کم نہیں ہوسکتا۔ سماج میں مزدور کی اہمیت ہے اس کے کام کے بغیر دنیا کا نظام نہیں چل سکتا۔ محنت مزدوری کرتے ہوئے دنیا میں کئی لوگ اعلیٰ مراتب پہونچے۔ امریکہ کے سولھویں صدر ابراہم لنکن ایک نچلے طبقے کے گھر میں پیدا ہوئے تھے۔ ہندوستان کے موجودہ وزیراعظم نریندر مودی کی مثال لیجئے اپنے وقت میں انہوں نے چائے بھی بیچی اور ترقی کرتے ہوئے ملک کے وزیراعظم بنے۔ مہاتما گاندھی نے مزدوروں کے وقار کے لئے کافی جدوجہد کی ۔گاندھی جی کے ساتھ بھی رنگ ونسل کی بنیاد پر انگریزوں نے جنوبی افریقہ میں تفریق کی تھی۔ اس وقت سے گاندھی جی نے دنیا بھر میں ذات پات اور رنگ ونسل کے تضادات اور تفریق مٹانے کا عہد کرلیا۔ امریکہ میں مارٹن لوتھر کنگ نے نیگروز کے مسائل کے لئے جدوجہد کی۔ ہندوستان میں شمال مشرقی ریاستوں کے لوگوں پر ان کے رنگ ونسل کی وجہہ سے ان پر مظالم ڈھائے گئے۔ گاندھی جی اور مارٹن لوتھر کنگ نے دنیا بھر میں ذات پات کی تفریق کے خلاف جدوجہد کی۔ زندگی میں ان کا مقصد مساوات کو پروان چڑھانا رہا۔ امیر وغریب کا فرق مٹانا اور انسانیت کا احترام انہوں نے سکھایا۔ انہوں نے کہا کہ خدا کی نظروں میں سب انسان مساوی ہیں۔ اس لئے انسانوں کو خودساختہ ذات پات نہیں بنانا چاہئے بلکہ سب مل جل کر رہنا چاہئے۔

این سی سی NCC: نیشنل کیڈٹ کارپس NCC کا قیام پارلیمنٹ کے ایک قانون کے تحت 16 جولائی 1948ء کو عمل میں آیا۔ جس کا نعرہ ''نظم وضبط اور اتحاد'' رہا۔ NCC نے اپنے قیام سے اب تک ملک کے مدارس اور کالجوں میں نوجوانوں کو نظم وضبط کے ساتھ زندگی گذارتے ہوئے ملک کا ذمہ دار شہری بننے میں مدد دی ہے۔ NCC نے اپنے تربیتی کیمپس کے ذریعے نوجوانوں میں ابتدائی فوجی تربیت کے علاوہ سماجی خدمات اور مہماتی تربیت فراہم کی ہے۔ NCC ایک ایسی تنظیم ہے جس کے ذریعے نوجوانوں میں ذمہ داری کے ساتھ مسلسل سیکھنے کا عمل

پیدا کیا جاتا ہے۔NCC کے بنیادی اصول اس طرح ہیں۔

۱) NCC کے ذریعے نوجوانوں میں وطن سے محبت کرنے اور ملک کی ترقی کے لئے کام کرنے کا جذبہ پیدا کیا جاتا ہے۔

۲) NCC کے ذریعے نوجوانوں میں مذہب' زبان' تہذیب' طرز زندگی' قومیت اور رہائیش میں کثرت میں وحدت اور قومی اتحاد کا جذبہ پیدا کیا جاتا ہے۔

۳) NCC کے ذریعے نوجوانوں میں ہندوستانی دستور کے ساتھ وفاداری کرنے اور اقدار کی پاسداری سکھائی جاتی ہے۔

۴) NCC کے ذریعے نوجوانوں میں یہ تربیت دی جاتی ہے کہ وہ حکام کی جانب سے دی جانے والی ہدایات کو غیر جانبدار اور منصفانہ سمجھیں۔

۵) NCC کے ذریعے نوجوانوں کو سماجی ترقی اور دیگر سماجی پروگراموں میں شرکت سکھائی جاتی ہے۔

۶)NCC کے ذریعے نوجوانوں کو صحت منداور بری عادتوں کے بغیر زندگی گذارنے کی ترغیب دی جاتی ہے۔

۷) NCC کے ذریعے نوجوانوں میں غریبوں کی ضروریات اور سماج کے پچھڑے طبقوں کے احساسات جاننے کا جذبہ پیدا کیا جاتا ہے۔

۸) NCC کے ذریعے نوجوانوں میں اپنے آپ پر قابو پانے اور باشعور ہونے کی تربیت دی جاتی ہے۔

۹)NCC کے ذریعے نوجوانوں میں علم' ذہانت اور نئے افکار کو عزت دینے کا شعور پیدا کیا جاتا ہے۔

۱۰)NCC کے ذریعے نوجوانوں میں ایمانداری' سچائی' قربانی اور کڑی محنت جیسے اقدار سکھائے جاتے ہیں۔

اس طرح دیکھا جائے تو NCC نے ہندوستان کے نوجوانوں میں منظّم تربیت کی اچھی مثال قائم

کی ہے۔اس تربیت میں ملٹری تربیت کے ساتھ نازک ہنر بھی سکھائے جاتے ہیں۔

نیشنل سرویس اسکیم NSS: ہندوستان میں قومی خدمات کے لئے طلباء کو شامل کرنے کا خیال بابائے قوم گاندھی جی کے دور سے چلا آرہا ہے۔جب کہ انہوں نے طلباء کو مشورہ دیا تھا کہ ان کا تعلیمی ادارہ جس بستی میں طالب علم وہاں کے لوگوں سے بھی رابطہ قائم کریں۔انہوں نے کہا کہ معاشی اور سماجی رکاوٹوں کے بارے میں تعلیمی انداز سے تحقیق کرنے کے بجائے ہمیں چاہئے کہ ہم دیہاتیوں کی بھلائی کے لئے کچھ مثبت کام کریں۔جس سے ان کے معیار زندگی میں کچھ بہتری پیدا ہوگی۔24 ستمبر 1969ء کو اس وقت کے مرکزی وزیر تعلیم ڈاکٹر وی کے آر وی راؤ نے ملک کی مختلف ریاستوں کی 37 جامعات میں این ایس ایس پروگرام کا آغاز کیا تھا۔یہ وہ سال تھا کہ جب کے ٹھیک سو سال قبل گاندھی جی نے نوجوانوں کو ہندوستان کی جدجہد آزادی کے لئے راغب کیا تھا۔تاکہ ملک میں سماجی طور پر پچھڑے لوگوں کی بھلائی ہوسکے۔این ایس ایس پروگرام کا بنیادی مقصد یہ ہوتا ہے کہ یہ طلبا اور اساتذہ کی اجتماعی کوشش سے منعقد ہوتا ہے تاکہ دونوں کی مشترکہ شرکت سے سماجی خدمت انجام دی جاسکے اور قوم کی تعمیر ہو۔اس کے علاوہ اس طرح کے پروگراموں سے طلبا کو اس قدر تجربہ ہوجاتا ہے کہ وہ اپنے تعلیمی سفر کے اختتام تک خود روزگار کے کچھ مواقع بھی حاصل کرلیتے ہیں۔

نیشنل سرویس اسکیم NSS کے اہم مقاصد: این ایس ایس کے ذریعے چاہا جارہا ہے کہ طلبا

۱) اپنے سماج کو پہچانے جہاں کہ وہ کام کررہے ہوں۔

۲) سماج کے ساتھ اپنے رشتے کو سمجھیں۔

۳) سماج اور برادری کی ضروریات اور مسائل کو سمجھیں اور انہیں حل کرنے میں شامل ہوں۔

۴) آپس میں سماج اور شہری ضرورتوں کی ذمہ داری کا احساس پیدا ہو۔

۵) اپنی معلومات کو استعمال کرتے ہوئے فرد اور سماج کے مسائل کے عملی حل تلاش کرسکیں۔

۶) اجتماعیت کے ساتھ رہنے میں درکا مقابلہ آرائی تیار کرسکیں اور ذمہ داروں کو تقسیم کرنا سیکھیں۔

۷) لوگوں کو کام میں حصہ لینے کے لئے راغب کرنے کی صلاحیت سیکھیں۔

۸) قائدانہ صفات پیدا کریں اور جمہوری اطوار سیکھیں۔

۹) ہنگامی حالات اور آفات سماوی کا سامنا کرنے کی صلاحیت پید کرسکیں۔

۱۰) قومی یکجہتی اور سماجی ہم آہنگی کا عملی مظاہر کرسکیں۔

این ایس ایس کے ذریعے کسی دیہات یا غریب بستی کو منتخب کیا جاتا ہے اور وہاں شعور بیدار کیمپ منعقد کرتے ہوئے گاؤں والوں میں صحت مند صاف ستھری پر امن اور تعلیم یافتہ زندگی گذارنے کی ترغیب دی جاتی ہے۔ طلباء مختلف پروگرام منعقد کرتے ہوئے گاؤں والوں کو توہمات سے بچنے اور صاف ستھری ماحول دوست زندگی گذارنے کی ترغیب دیتے ہیں۔ لڑکیوں کی تعلیم اور تعلیم بالغان کا اہتمام کیا جاتا ہے۔ اور گاؤں میں عصر حاضر کی زندگی کا شعور بیدار کیا جاتا ہے۔

آزادی کے بعد ہندوستان میں قومی رہنماؤں جیسے پنڈت جواہر لال نہرو اور ابوالکلام آزاد اور دیگر نے ملک میں کام کررہی اسکاؤٹس اور گائیڈ تنظیموں کو متحد کرنے کی کوشش کی۔ 1950ء میں آخری انضمام ہوا اور ''بھارت اسکاؤٹس اینڈ گائیڈز'' کے نام سے متحدہ تنظیم وجود میں آئی۔ بعد میں لڑکیوں کی گائیڈ تنظیم نے بھی اس میں شمولیت اختیار کرلی۔

دستور اور مستقر: ''بھارت اسکاؤٹس اینڈ گائیڈز'' ایک رجسٹرڈ تنظیم ہے۔ یہ مکمل طور پر رضا کارانہ، غیر سیاسی اور سیکولر تنظیم ہے۔ اس تنظیم کے قومی مستقر کا افتتاح اس وقت کے نائب صدر ڈاکٹر ذاکر حسین نے 1963ء میں کیا۔

تنظیم کے بنیادی اصول: ''بھارت اسکاؤٹس اینڈ گائیڈز'' ایک رضا کارانہ، غیر سیاسی، تعلیمی تحریک ہے جو ذات، رنگ ونسل اور کسی گروہ کے بغیر نوجوانوں کے لئے کھلی ہے۔ اس تنظیم کے اصول اس کے بانی لارڈ بیڈن پاول کے 1907ء میں قائم کردہ اصولوں کی روشنی میں مرتب کئے

گئے ہیں۔اس تنظیم کا مقصد نوجوانوں کو بہ حیثیت فرد ان کی طبعی، ذہنی، جذباتی، سماجی اور روحانی صلاحیتوں کا حصول ہے تا کہ وہ مقامی، قومی اور بین الاقوامی سطح پر ملک کے ایک ذمہ دار شہری بن سکیں۔''بھارت اسکاؤٹس اینڈ گائیڈز'' تحریک کے حسب ذیل اصول ہیں۔

۱) **خدا کی خدمت:** نوجوانوں میں مذہب سے وفاداری پیدا کرنا تا کہ اس کے بعد ان پر عائد ذمہ داریوں کو وہ نبھا سکیں۔

۲) **دوسروں کی خدمت :** ملک کے ساتھ وفاداری کرنا اور قومی و بین الاقوامی امن کی کوشش کرنا، ایک دوسرے کو سمجھنا اور ان سے تعاون کرنا، سماج کی ترقی کے لئے کام کرنا، ساتھی شہریوں اور سارے عالم کے انسانوں کے وقار کا خیال رکھنا۔

۳) **اپنے آپ کی خدمت:** اپنے آپ کی ترقی کی ذمہ داری۔

طریقہ کار: ''بھارت اسکاؤٹس اینڈ گائیڈز'' خود کار تعلیم اور ترقی کا ایک نظام ہے جس میں بڑوں کی قیادت میں چھوٹے گروپ شامل ہوتے ہیں۔اور تربیت اور ترقیاتی کام، خود کی ترقی، مقابلہ آرائی کا جذبہ اور خود اعتمادی سیکھتے ہیں۔نوجوان ترقی پانے کی سرگرمیوں جیسے کھیل، کارآمد ہنر اور سماجی خدمات کے کام مختلف کھلے یا بند مقامات پر انجام دیتے ہیں۔

نیشنل گرین کارپس NGC: نیشنل گرین کارپس NGC کا 2001ء میں قیام عمل میں آیا اور مدارس میں ماحولیاتی کلب قائم کرتے ہوئے اس نے خاطر خواہ کامیابی حاصل کی۔وزارت ماحولیات و جنگلات نے ملک بھر میں چلائے جانے والے پروگراموں کے ذریعے 50,000 مدارس میں ماحولیات کلب قائم کرنے کا نشانہ رکھا۔جب کہ اس پروگرام کو کامیابی ملی اور دس سال میں ایک لاکھ سے زیادہ ماحولیاتی کلب ملک کے طول وعرض میں قائم کئے گئے۔اور یہ تحفظات کا سب سے بڑا جال بن گیا۔ وزارت ماحولیات و جنگلات، ریاستی حکومتوں اور غیر سرکاری تنظیموں کے تعاون سے ملک میں ماحول کے تحفظ کے لئے کام کیا گیا۔ یہ بات محسوس کی

گئی کہ ماحول کے تحفظ کے ضمن میں بچوں میں شعور بیدار کیا جائے۔ کیوں کہ آج کے بچے ہی کل کے ذمہ دار شہری ہوتے ہیں اس لئے انہیں اپنے مستقبل کے بارے میں فکر دلانا ضروری سمجھا گیا۔ تاکہ طویل مدتی منصوبہ بندی کے ذریعے ملک میں ماحول کے تحفظ کے اقدامات کئے جاسکیں۔ بچے کوئی بھی پیغام کو آسانی سے عام کر سکے ہیں۔ چنانچہ ان کے ذریعے ماحول کے تحفظ کے پیغام کو عام کیا گیا۔

وزارت ماحولیات و جنگلات کے وسیع تر مقاصد: جنگلات اور زمین کا سروے کرنا' آلودگی پر قابو پانا اور احتیاط کرانا' جنگلات لگانا اور بنجر علاقوں کو سرسبز بنانا' جانوروں کی فلاح دیکھنا' ان مقاصد کے علاوہ چند قوانین کی مدد سے یہ وزارت ملک میں ماحول کے تحفظ اور جنگلات کو پھیلانے کی کوشش کرتی ہے۔

یونٹ 4

زندگی کی مہارتیں

Life Skills

"انسانی زندگی میں نوعمری اور جوانی کا دور پروان چڑھنے اور ترقی پانے کا غالب اور اہم دور ہوتا ہے۔ یہ وہ وقت ہوتا ہے جب انسان بچپن سے جوانی میں قدم رکھتا ہے۔ جوانی میں جسم اور دماغ میں تیزی سے تبدیلیاں واقع ہوتی ہیں۔طبعی اور نفسیاتی تبدیلیاں واقع ہوتی ہیں۔نوعمر بچے اپنے جسم میں ہونے والی تبدیلیوں کے بارے میں متجسس اور شرمندہ رہتے ہیں۔مزاج کی تبدیلی عام بات ہے۔ ہارمونی تبدیلیاں واقع ہوتی ہیں۔نوجوانوں کے جسم اور دماغ میں ہونے والی تیز رفتار تبدیلیوں سے وہ الجھن کا شکار اور سہمے ہوئے رہتے ہیں۔جنس مخالف سے انہیں رغبت ہونے لگتی ہے۔اور نوجوان جذباتی' اپنے آپ میں گم اور سہمے رہتے ہیں۔اور بچے اپنے بچپن سے جوانی میں پہونچنے کے دور میں داخل ہوتے وقت اپنے آپ میں آسانی محسوس نہیں کرتے۔ اس مشکل دور میں بچے اپنے والدین اور بزرگوں سے بغاوت کرتے ہیں۔اور اپنے ساتھیوں اور دوستوں کی باتوں کو اہمیت دینے لگتے ہیں۔ بچے کی زندگی میں بلوغت کا دور خطرناک اور اہم ہوتا ہے۔ کیونکہ اس دور میں بچے تجربات بہت کرتے ہیں اور خطرات مول لیتے ہیں۔ یہ جذباتی اٹھان کا دور ہوتا ہے۔نوجوان اپنی آزادی حاصل کرنے کی کوشش کرتے ہیں۔ وہ اپنے والدین کے مشوروں کی پرواہ نہیں کرتے۔ وہ یہ محسوس کرتے ہیں کہ اب وہ اتنے بڑے ہو چکے ہیں کہ اپنی زندگی کے فیصلے خود کر سکیں۔اور اپنی باتوں کی تائید کے لئے وہ دوستوں سے زیادہ قریب ہونے لگتے ہیں۔ جلد بازی میں وہ غلط فیصلے لیتے ہیں۔اور اپنے سخت رویے سے بھاری نقصان بھی

اٹھاتے ہیں۔مثال کے طور پر وہ ایسے کام کرنے لگتے ہیں جن کی والدین مخالفت کرتے ہوں کیونکہ وہ ان کے لئے سخت مضر ہوں جیسے سگریٹ نوشی' منشیات کا استعمال اور جنسی تعلقات پیدا کرنا وغیرہ۔

گذشتہ چند دہائیوں میں ہندوستان میں خاندانی ڈھانچے میں انقلابی تبدیلی واقع ہوئی ہے۔مشترکہ خاندان کا نظام ٹوٹ گیا ہے۔اور انفرادی خاندان آج کا اصول بن گیا ہے۔ اب یہ عام بات ہوگئی ہے کہ گھر کی معاشی ضروریات کی تکمیل کے لئے بچے کے ماں اور باپ دونوں ملازمت کے لئے گھر سے باہر جارہے ہیں اور شام میں دیر ہونے کے بعد گھر واپس آتے ہیں۔ایسے ماحول میں بچوں کو آزادی ملتی ہے اور انہیں اپنے آپ پر قابو نہیں رہتا۔مشترکہ خاندان میں پائی جانے والا جذباتی تحفظ انفرادی خاندانوں میں نہیں ملتا۔والدین اپنی ملازمت کے سبب گھر پر اور بچوں کے لئے زیادہ وقت نہیں دے سکتے اور چاہتے ہوئے بھی وہ اپنے بچوں کی مناسب تربیت اور رہنمائی نہیں کرسکتے۔ایسے ماحول میں نوجوانوں کے لئے ضروری ہے کہ وہ اپنے اندر ایسی خصوصی عادات پیدا کریں جن کی مدد سے وہ تناؤ اور زندگی کے مسائل کا سامنا کرنے کی قوت حاصل کرسکیں۔طبعی وسماجی مہارتیں جن کی مدد سے نوجوان اپنی زندگی کو خوشحال بنا سکتے ہیں وہ زندگی کی مہارتیں اور ہنر کہلاتی ہیں۔

زندگی کی مہارتوں کا نقطہ نظر: اصطلاح ''زندگی کی مہارتیں'' عام طور پر زندگی کی تنظیم اور بہتر معیار زندگی سے تعلق رکھتی ہے۔ یہ وہ مہارتیں ہیں جو ہمیں اپنی صلاحیتوں کو پہچانتیں اور ان کی تکمیل میں معاون ہوتی ہیں۔ زندگی کی مہارتوں کی کوئی بیان کردہ فہرست نہیں ہے۔ کچھ مہارتیں اپنی زندگی کے حالات' ہماری تہذیب' عقائد' عمر اور جغرافیائی حالات کے اعتبار سے ہم سے کم یا زیادہ تعلق رکھتی ہیں۔اقوام متحدہ کے ادارہ UNICEF نے زندگی کی مہارتوں کو بیان کرتے ہوئے لکھا کہ ''ایک نوجوان کے لئے مثبت برتاؤ کے ساتھ درکار نفسیاتی صلاحیتیں ہیں جن کی مدد سے وہ

اپنی زندگی میں روزانہ آنے والے چیلنجوں کا سامنا کرنے کا اہل ہوتا ہے۔ زندگی کی مہارتوں کو عمومی طور پر تین زمروں میں تقسیم کیا گیا ہے۔ سیکھنے کی مہارتیں تاکہ تجزیہ اور اطلاعات کو سمجھ سکیں۔ ذاتی مہارتیں تاکہ شخصی زندگی کو بہتر بنایا جاسکے اور بین شخصیاتی مہارتیں تاکہ دوسروں سے بہتر انداز میں رابطے رکھے جاسکیں۔ زندگی کی مہارتوں کو ذاتی مقاصد کے لئے مناسب طور پر استعمال کرنا چاہئے۔ یہ مہارتیں تدریس اور راست تجربات سے سیکھی جاتی ہیں۔ ان سے زندگی کے مسائل کو حل کرنے میں مدد ملتی ہے۔

مقاصد طے کرنا : بہت سے لوگ سخت محنت کرتے ہیں لیکن وہ خاطر خواہ کامیابی حاصل نہیں کرتے۔ اس کی اہم وجہ یہ ہوسکتی ہے کہ انہوں نے اپنے مقاصد اور خواہشات کو طے کرنے میں مناسب وقت نہیں گذارا۔ مقاصد طے کرنے سے ہمیں اپنی خواہشات کو پہچاننے اور راستہ بھٹکے بغیر ان کی تکمیل میں مدد ملتی ہے۔ مہارت سے طے شدہ مقاصد سے موثر انداز میں کم وقت میں اچھے نتائج حاصل کئے جاسکتے ہیں۔ بہت سے لوگ خود اعتمادی کی کمی، منصوبہ بندی کی کمی، ناکامی کے خوف، بہت جلد کامیابی کی امید اور اپنے اوپر بہت زیادہ دباؤ کی وجہ سے کسی کام کو درمیان میں ہی چھوڑ دیتے ہیں۔ اس لئے ضروری ہے کہ بڑے بڑے مقاصد کے لئے بھی چھوٹے چھوٹے منصوبے تیار کئے جائیں۔ صحت سے متعلق مقاصد مسلسل جاری رہنے چاہئیں۔ اور اس کے لئے روزانہ کا معمول بنالینا چاہئے۔ مثال کے طور پر صحت کے مقاصد طے کرتے ہوئے ہمیں ہفتے میں تین چار مرتبہ ورزش کرنی چاہئے متوازن اور تغذیہ سے بھرپور غذا لینی چاہئے۔ یومیہ سات سے آٹھ گھنٹے کی پرسکون نیند لینی چاہئے اور صحت اور صفائی کا خاص خیال رکھنا چاہئے۔ اپنے مقاصد کا بار بار جائزہ لیتے رہنا چاہئے۔ اور ضرورت پڑنے پر ان میں تبدیلی لاتے رہنا چاہئے۔ مقاصد پر قائم رہنا بھی مشکل رہتا ہے اگر ہم اپنے مقصد سے بھٹک رہے ہوں تو مناسب تجزیے سے دوبارہ مقصد پر لوٹ آنا چاہئے۔ اس کا اچھا طریقہ یہ ہے کہ ہم اپنے

مقاصد کی ایک کتاب رکھیں اس میں مختصر مدتی اور طویل مدتی مقاصد لکھ لیں اور روزآنہ کا ٹارگٹ رکھیں کہ اس کام کو کرنے کے لئے مجھے کیا کرنا ہے روزانہ سونے سے قبل کتاب کھول کر دیکھیں کہ ہم نے اپنے مقصد کو حاصل کرنے کے لئے آج کتنا کام کیا اور کتنا باقی ہے۔ایک طالب علم کو اپنے اوپر خود اعتمادی ہونا چاہئے اگر وہ یہ سوچتا ہے کہ امتحان میں ضرور اچھے نشانات سے کامیاب ہوگا تو وہ ضرورت محنت کرے گا اور اپنے مقصد کو حاصل کرے گا۔جب کہ کسی طالب علم نے اپنی کامیابی کا کوئی مقصد طے نہ کیا ہو تو وہ امید چھوڑ دے گا اور ناکام رہے گا۔ بہت سے کامیاب لوگ خاص طور سے کھلاڑی اپنے آپ سے عہد لیتے ہیں کہ وہ مقصد کو حاصل کر کے ہی رہیں گے اس کے لئے وہ جی جان سے محنت کرتے ہیں تب ہی عالمی سطح کی کامیابی ان کے قدم چومتی ہے۔ مثبت سوچ سے مثبت عمل پیدا ہوتا ہے۔اور درست عمل سے درست نتائج حاصل ہوتے ہیں اس کے لئے سب سے پہلے درست مقاصد طے کرنے ہوتے ہیں۔

مقاصد طے کرنے کے فوائد: اپنی زندگی کے مقاصد کا ایک عظیم تر خاکہ بنائیے۔اپنے آپ کو منظّم رکھئے اور مقاصد پر توجہ مرکوز رکھئے۔خود اعتمادی پیدا کیجئے اور خود پر قابو رکھئے۔کم وقت میں زیادہ کامیابی کے حصول کی کوشش کیجئے۔ چھوٹے چھوٹے یومیہ مقاصد طے کیجئے۔اور انہیں با مقصد بنایئے۔موثر انداز میں مقاصد طے کرنا کامیابی کے حصول کا ایسا کارآمد نسخہ ہے جس پر تجربہ بھی ہو چکا ہے اور نتائج بھی حاصل ہو چکے ہیں۔اس کے بغیر ہم ادھر ادھر بھٹکتے رہیں گے اور اپنی زندگی کے قیمتی اوقات ضائع کرتے رہیں گے۔اس لئے نوجوانوں سے کہا جا رہا ہے کہ اٹھو اپنی زندگی کے مقاصد طے کرو اور ان کے حصول کے لئے جدوجدہ شروع کردو۔چھوٹا مقصد ہو تو چھوٹی کامیابی ملے گی اور بڑا مقصد ہو تو بڑی کامیابی ملے گی۔اس لئے اونچے عزائم رکھو اور انہیں آہستہ آہستہ جہد مسلسل کے ساتھ حاصل کرو۔

مسائل کے حل کے اقدامات: پہلے مسئلے کو پہچانئے اور پھر اس کی نوعیت جانئے ۔ مسلسل مشاہدے'بغور جائزے' حقائق کی کھوج اور واضح تصویر کے ذریعے مسئلے کا ڈھانچہ تیار

کیجئے۔ مختلف اقدامات کے ذریعے مسئلے کا ممکنہ حل نکالنے کی کوشش کیجئے۔ مختلف اقدامات اختیار کرنے کے بعد دیکھئے کہ کس قسم کے کام سے مسئلے کا حل نکل سکتا ہے اسے اختیار کیجئے اور کامیابی حاصل کیجئے۔ فیصلے پر عمل کرنے کے بعد نتائج کا تجزیہ کیجئے اور ردعمل حاصل کرتے ہوئے نتیجے کی نوعیت جاننے کی کوشش کیجئے۔

فیصلہ سازی: لوگوں کو ہمیشہ کچھ نہ کچھ فیصلے کرنے پڑتے ہیں۔ کبھی اہم تو کبھی غیر اہم۔ ہماری کوشش سے قطع نظر کبھی کبھی یہ ہوتا ہے کہ ہمارے فیصلے درست ثابت نہیں ہوتے۔ فیصلہ سازی ایک ایسا عمل ہوتا ہے جب دو یا دو سے زیادہ باتوں یا افعال میں کسی ایک کا انتخاب کرنا ہوتا ہے۔ جب کہ ہمارے ہاں موجود معلومات کی روشنی میں وہ فیصلہ درست نہ بھی ہو تو قریب تر درست ہو سکتا ہے۔

گروپ میں فیصلہ سازی کے مراحل: مسئلے کے حل کے دوران تمام حل کی فہرست بنایئے۔ حتمی فیصلہ کرنے سے قبل وقت کا اندازہ کر لیجئے اور دیکھئے کہ فیصلہ سازی کے ذمہ دار کون ہوگا۔ تمام متعلقہ معلومات جمع کیجئے۔ اور فیصلے کو ممکنہ حد تک درست بنانے کی کوشش کیجئے۔ فیصلہ سازی میں ہونے والے خطرات کا اندازہ رکھئے۔ ہر فرد کی کچھ نہ کچھ پسند ناپسند اور قدریں ہوتی ہیں ان کی بنیاد پر ہی فیصلہ ہوتا ہے۔ جس کے دوررس اثرات مرتب ہوتے ہیں۔ ہر ممکنہ حل کے مثبت اور منفی نتائج کا اندازہ فائدے اور نقصان کی روشنی میں کیجئے۔ آخر کار فیصلہ کیجئے۔ اس پر عمل آوری کیجئے۔ اس کے نتائج پر نظر رکھئے اور مستقبل میں اس سے بہتر فیصلہ کرنے کی کوشش کیجئے۔

وقت کی تنظیم: وقت کی تنظیم مقررہ وقت میں کام کا منصوبہ بنانے اور اس پر کامیابی کے ساتھ عمل کرنے کا نام ہے۔ تنظیم وقت سے مہارت میں اضافہ' پیداواری مہارت اور دیگر مثبت نتائج حاصل کئے جا سکتے ہیں۔ وقت کی تنظیم تکنیک' مہارت اور طریقے کار کے مجموعے سے تیار کی جا سکتی ہے۔ یہ اس وقت اختیار کی جاتی ہے جب مقررہ وقت میں کوئی کام یا کسی منصوبے کو عملی جامع پہنایا

جاتا ہے۔ وقت کی تنظیم کے بغیر ہم مقررہ وقت میں اپنے مقاصد کی تکمیل نہیں کر سکتے۔

وقت کی تنظیم کی حکمت عملی: وقت کی تنظیم کا استعمال کام کی عادت رکھنے والوں کے لئے موثر ثابت ہوتا ہے۔ اپنے کام کے لئے بہتر وقت کا انتخاب کیجئے اور اسے انجام دینے کے لئے حکمت عملی تیار کیجئے۔ اپنی توجہ کو مرکوز رکھنے کے لئے مطالعے کے مقام کا تعین کر لیجئے۔ ہر ہفتے اپنے اوقات کی ترتیب کا اندازہ کرتے جائے۔ اپنے کاموں میں اہم کاموں کو فوقیت دیجئے۔ کمال اچھے کا دشمن ہوتا ہے۔ اگر کمال آپ کو کام کرنے سے روکتا ہے تو اچھے کی امید میں ہی کام شروع کر دیجئے۔ اپنے خیالات کا ایک کچا خاکہ بنائے اور اس میں ترمیم کرتے ہوئے مقررہ وقت پر کام شروع کیجئے۔ غیر ضروری کاموں میں حصہ لیتے ہوئے اپنے اصل کام سے مت ہٹئے۔ اپنے وسائل کو پہچانئے اور انہیں درست طریقے سے استعمال کرتے ہوئے وقت کی تنظیم کیجئے۔ کام ختم ہونے کے بعد اس کے نتائج کا تجزیہ کیجئے۔ نوجوانوں کی زندگی میں وقت قیمتی ہوتا ہے۔ عمر کے اس مرحلے میں کام کی طاقت زیادہ ہوتی ہے اس لئے شخصیت سازی اور اپنے مقاصد کی تکمیل میں تنظیم وقت کے ساتھ کام کرتے ہوئے اپنا اور ملک اور قوم اور انسانیت کا فائدہ کرنا چاہئے۔

خود اعتمادی: خود اعتمادی ایک نفسیاتی اصطلاح ہے جس کے ذریعے یہ واضح کیا جاتا ہے کہ کوئی اپنے اعمال اور افعال میں خود پر کس قدر بھروسہ کرتا ہے۔ یہ اپنے بارے میں ایک قسم کا فیصلہ ہوتا ہے۔ یہ ان عقائد کو ظاہر کرتا ہے کہ میں کوئی کام کرنے کے لئے کس قدر اہل اور قابل ہوں۔ اور کامیابی' ناکامی' عزت اور وقار اور شرمندگی کے معاملے میں کس قدر مضبوط رہوں گا۔ ایک فرد کی زندگی کے تجربات اس کی خود اعتمادی پیدا کرنے میں اہم ذریعہ ہوتے ہیں۔ زندگی میں ہونے والے مثبت اور منفی تجربات سے انسان کا رویہ بنتا ہے۔ اس سے خود اعتمادی اور مثبت سوچ پیدا ہوتی ہے۔ انسانی زندگی کے ابتدائی حصے میں والدین اس کی خود اعتمادی پیدا کرنے میں اہم کردار ادا کرتے ہیں۔ نوجوانوں میں خود اعتمادی اونچے درجے پر ہوتی ہے۔ دوستوں سے

تعریف سن کر وہ اپنے آپ کا جائزہ لیتے ہیں۔ سماجی پسندیدگی سے بھی خود اعتمادی میں اضافہ ہوتا ہے۔

خود اعتمادی کو بہتر بنانے کے اقدامات: اپنے بارے میں منفی خیالات لانا بند کیجئے۔ کام کی تکمیل کا مقصد رکھئے۔ اس میں کمال کا مت سوچئے۔ اپنی غلطیوں اور ناکامیوں کو سیکھنے کے مواقع کے طور پر دیکھئے۔ نئے کام کیجئے۔ منصوبے بنائے۔ مقاصد طے کیجئے اور اپنی ترقی پر نظر رکھئے۔ یاد رکھئے کہ آپ کیا تبدیل کر سکتے ہیں اور کیا نہیں۔ دوسرے ضرورت مندوں کی کچھ خدمت کیجئے۔ تناؤ سے بچنے کے لئے ورزش کیجئے اور پر اعتماد رہنے کی کوشش کیجئے۔ آرام کے لئے کچھ تفریح اختیار کیجئے۔ اونچی خود اعتمادی سے بلند خیالی پیدا ہوتی ہے۔ اس لئے خوشی محسوس کرنے سے خود اعتمادی بڑھتی ہے۔

مسائل کا حل: مسائل کا حل ترتیب وار طریقوں پر منحصر ہوتا ہے جن کی مدد سے مسائل کا حل نکالا جاتا ہے۔ ہر شخص مسائل کے حل کی مہارت سے فائدہ اٹھا سکتا ہے۔ کیوں کہ ہم سبھی کو روزانہ زندگی میں مسائل درپیش رہتے ہیں۔ کچھ مسائل دیگر کے مقابلے میں شدید رہتے ہیں۔ منصوبہ بندی اور ڈھانچہ تیار کرنے سے مسائل کے حل میں آسانی ہوتی ہے اور کامیابی جلد حاصل ہوتی ہے۔ مسائل کے حل کی صلاحیت نہ ہونے کے سبب کئی لوگوں کی زندگی میں خانگی اور باہر کی زندگی میں مسائل پیدا ہوتے ہیں۔ یہ اس وجہ سے ہوتا ہے کہ یا تو مسئلہ کو سمجھا نہیں جاتا یا اس کے ساتھ غلط طریقے سے نپٹا جاتا ہے۔ مسئلے کے حل کے لئے کچھ خطرات بھی مول لینے پڑتے ہیں۔ جن کا اندازہ پہلے سے ہونا چاہئے۔

تناؤ پر قابو پانا: انسانی زندگی میں مسائل اور مشکلات کے سبب تناؤ پیدا ہوتا ہے جو اس کے جسم پر مضر اثرات پیدا کرتا ہے۔ تناؤ کئی قسم کا ہوتا ہے اور ماہرین نفسیات تناؤ کا شکار فرد کو پر سکون بنانے کے لئے مختلف طریقے اختیار کرتے ہیں۔ خاص طور سے ایسے افراد کے لئے جو شدید تناؤ کا شکار ہو جاتے ہیں اور روزانہ کے کام بھی نہیں کر پاتے۔ تناؤ مختلف لوگوں میں مختلف قسم کا ہوتا

ہے۔ یہ ہلکا بھی ہوتا ہے اور شدید اور خطرناک بھی۔ اس سے جسمانی صحت خراب ہوتی ہے اور انسان دباؤ کا شکار ہوجاتا ہے۔ عصری سماج میں تناؤ پر قابو پاتے ہوئے خوشحال اور خوشگوار زندگی بسر کی جاسکتی ہے۔ حالانکہ زندگی میں ایسے کئی مطالبے ہوتے ہیں جنہیں قابو میں کرنا مشکل ہوتا ہے لیکن تناؤ پر قابو پاتے ہوئے انسان مجموعی طور پر خوشحال زندگی گذار سکتا ہے۔

تناؤ پر قابو پانے کے اقدامات: ایسے کسی کام سے انکار کردیجئے جو آپ کے دائرے کار میں نہیں ہو اس سے تناؤ کم رہے گا۔ اور ایسے لوگوں سے حالات سے اور ملاقاتوں سے اجتناب کیجئے جو آپ کے تناؤ کا سبب بن سکتے ہیں۔ مسائل کو روکے رکھنے کے بجائے انہیں دوسرا رخ دینے کی کوشش کریں۔ اس کے لئے تنظیم وقت، مصالحت اور مسئلے کی جانب مثبت سوچ سے بھی فائدہ ہوتا ہے۔ تناؤ کی وجوہات جاننے کی کوشش کیجئے اور اس میں درستگی لائیے۔ مثبت کام کے ذریعے مسئلے کو حل کیجئے۔ ایسی تمام باتوں کو قبول کیجئے جنہیں آپ تبدیل نہیں کرسکتے۔ جو ہمیں ختم نہیں کرسکتا تو وہ ہمیں مضبوط بنائے گا۔ بڑے مسائل کا سامنا کرتے وقت ناکامیوں سے تجربات بھی حاصل کیجئے۔ بھروسہ مند لوگوں سے اپنے خیالات اور جذبات بانٹئے۔ اس حقیقت کو قبول کیجئے کہ ہم ایک ایسی دنیا میں رہتے ہیں جہاں کوئی بھی انسان کامل نہیں ہے۔ لوگ غلطیاں کرسکے ہیں۔ اس لئے بھلانے کی کوشش کیجئے اور منفی توانائی سے اپنے آپ کو محفوظ رکھئے۔ تفریح اور آرام کے لئے وقت نکالئے۔ روزانہ کچھ ایسا کام کیجئے جسے آپ پسند کرتے ہوں۔ ورزش، متوزن اور تغذیہ سے بھرپور غذا کے ذریعے صحت مند طریقہ زندگی اختیار کیجئے۔ یوگا اور چہل قدمی اور عبادات سے انسان میں سکون پیدا ہوتا ہے۔ خوبصورت مناظر دیکھنے اور فطرت کی مصوری سے بھی ذہنی سکون حاصل ہوتا ہے۔

کالج کے ایک طالب علم ہونے کے ناطے نوجوانوں کو روزانہ بہت سے چیلنجوں اور تبدیلیوں کا سامنا کرنا پڑتا ہے۔ یہ تمام دلچسپ اور حیران کن ہوسکتی ہیں۔ اس سے بہت حد تک تناؤ بھی پیدا

ہوسکتا ہے۔تناؤ کی تعریف یوں بھی کی جاسکتی ہے کہ یہ بدلتے تقاضوں میں جذباتی' ذہنی اور طبعی ردعمل ہے۔تناؤ ایک ایسی حالت ہوتی ہے جب خطرناک اور نئے حالات میں ہمارا جسم مخصوص ردعمل کو ظاہر کرتا ہے۔ کالج کی زندگی میں طالب علم کو تعلیمی تقاضوں کی تکمیل' سماجی زندگی کو نبھانا' نئے رشتے اپنانا اور دیگر باتوں سے تناؤ پیدا ہوسکتا ہے۔ کالج میں تناؤ سے بہتر طور پر نپٹنا بھی اس قدر اہم ہے جس قدر ہم اچھے دوست رکھتے ہیں۔ اگر آپ تناؤ سے بہتر انداز میں نہیں نپٹتے ہیں تو آپ ایک اچھے طالب علم ہوسکتے ہیں نہ گھر اور سماج کے ایک اچھے فرد۔تناؤ سے بہتر انداز میں نپٹنے سے ہماری کالج کی اور گھر کی زندگی خوشگوار بن سکتی ہے۔

تناؤ کم کرنے کی تجاویز: تناؤ کم کرنے کے لئے ادویہ کے استعمال کے بغیر ورزش' یوگا' عبادات اختیار کرتے ہوئے سکون اختیار کیجئے۔ اپنے وقت کی تنظیم سیکھئے اور وقت گنوانے والے کاموں سے دور رہئے۔ اپنے حدود کو پہچانئے اور انہیں قبول کیجئے۔ حقیقت پسندانہ مقاصد طے کیجئے اور انہیں حاصل کرنے کے لئے مسلسل جدوجہد کیجئے۔ ورزش کیجئے اور وٹامن سے بھرپور غذا استعمال کیجئے۔ مثبت رہئے اور غصے پر قابو رکھئے۔ برداشت کا مادہ پیدا کیجئے۔ اپنے قریبی دوستوں سے کھل کر بات کیجئے۔ ایسے لوگوں کو دوست بنایئے جو آپ کے رازداں ہوں اور وقت پر کام آتے ہوں۔ اچھی عادتیں اپنایئے اور تفریح بھی کرتے رہیں۔

خودکشی کے رجحانات: زندگی انسان کو خدا کی طرف سے ملنے والی عظیم نعمت ہے۔ اللہ نے ہمیں بغیر مانگے صحت و عافیت کے ساتھ زندگی دی۔ انسان کو اشرف المخلوقات بنایا اور اس دنیا میں اچھائی کو عام کرنے اور برائی کو دور کرنے کی ذمہ داری۔ اس سے کہا گیا کہ وہ خود بھی اچھی اور مثالی زندگی گذارے اور لوگوں کو بھی اچھی زندگی گذارنے کی تلقین کرتا رہے۔ مناسب تعلیم و تربیت نہ ہونے کے سبب انسان اپنی زندگی کے بارے میں غلط فیصلے کرتا ہے۔ مسائل اور پریشانیوں کا سامنا کرنے اور انہیں دور کرنے کی کوشش کرنے کے بجائے انسان نشہ آور ادویات

استعمال کرتے ہوئے غم دور کرنے کی کوشش کرتا ہے جب نشہ دور ہوتا ہے تو اس کا غم مزید بڑھ جاتا ہے بالآخر وہ اپنی قیمتی زندگی کو خودکشی کے ذریعے خود ہی ختم کر لیتا ہے۔ وہ یہ سوچتا ہے کہ اس کے مرجانے سے اس کے دکھوں کا خاتمہ ہو جائے گا لیکن اس کے ساتھ اس کے والدین رشتے دار اور دوست احباب ہوتے ہیں جن کے غم میں مزید اضافہ ہوتا ہے۔ اس لئے انسان یہ سوچ لے کہ اسے نہ زندگی دینے کا حق ہے نہ زندگی لینے کا۔ یہ اپنے پیدا کرنے والے خالق پر چھوڑ دے کہ اس کے ساتھ کیا معاملہ پیش آتا ہے۔ خودکشی سے قبل پیش آنے والے خطرات اور نشانیاں اس طرح ہیں۔ اس طرح کے بیانات دینا کہ میں اپنے آپ کا خاتمہ کرلوں گا۔ سماجی روابط سے اپنے آپ کو الگ تھلگ کر لینا اور تنہائی اختیار کرنا۔ مزاج میں تبدیلی آنا۔ مشکل حالت میں پھنسا ہوا پانا اور ناامید ہو جانا۔ شراب اور منشیات کا بڑھتا ہوا استعمال۔ شدت سے متفکر ہو جانا اور احتجاج پر اتر آنا۔ اس طرح کی نشانیاں ہر فرد میں الگ الگ ہوسکتی ہیں۔ خودکشی کے بارے میں کچھ لوگ اپنے ارادے صاف ظاہر کر دیتے ہیں اور کچھ لوگ اپنے ارادوں کو راز میں رکھتے ہیں۔

خودکشی کی وجوہات: انسان کا اپنے مستقبل کے بارے میں مایوس ہو جانا اور یہ سمجھنا کہ خودکشی ہی اس کے مسائل سے چھٹکارے کا واحد حل ہے۔ خاندانی عادت ہونا۔ اس طرح کے واقعات اس کے خاندان میں پہلے بھی ہو چکے ہونگے۔ مسائل کا سامنا کرنے کی اہلیت نہ رکھنا۔ ستائے جانے کے واقعہ میں ملوث ہونا یا امتحان میں ناکامی سے ڈرنا۔

خودکشی کے رجحانات سے کیسے بچا جائے؟ مسائل سے دوچار نوجوانوں کو چاہئے کہ وہ شراب نوشی نہ کریں اور نہ ہی نشہ آور ادویہ کا استعمال کریں۔ اپنے خاندان اور دوستوں میں آپ کو چاہنے والے لوگوں کا گروپ تیار کریں۔ اپنے مذہب کی باتوں پر عمل کریں۔ عبادات میں حصہ لیں۔ خدا کی یاد سے انسان کو سکون ملتا ہے۔ اس عقیدہ پر عمل کریں کہ زندگی اللہ نے دی ہے۔ تقدیر میں جو لکھا ہو وہ ہو کر رہے گا۔ اللہ ہی ہے جو انسان کے مسائل کو حل کرتا ہے وہ رب العالمین ہے جب

ساری دنیا کو وہ پالتا ہے تو کیا وہ میرے دکھ درد کو دور نہ کرے گا۔اپنے اندر مثبت اور پر امید سوچ پیدا کیجئے۔یاد رکھئے کہ خودکشی کے خیالات عارضی ہوتے ہیں۔ چنانچہ اپنے ذہن کو منتشر ہونے سے روکئے۔ عبادات اور یادالٰہی میں دل لگائے۔ دنیا کے مثالی انسانوں اور کارہائے نمایاں انجام دینے والے لوگوں کے حالات پڑھئے۔تنہائی سے بچیں۔اور لوگوں میں رہنے کی عادت ڈالیں۔اگر منفی سوچ پیدا ہو رہی ہو تو کسی ماہر نفسیات یا ہادی یا رہبر سے مشورہ لیں۔اگر مسلسل خودکشی کے جذبات پروان چڑھ رہے ہوں تو نفسیاتی ڈاکٹر طویل مدتی ادویات جس میں سکون کی ادویات شامل ہوتے ہیں کے ذریعے علاج کرتے ہیں۔ بہر حال زندگی زندہ دلی کا نام ہے اسے زندہ دلی سے جینا چاہئے مردہ دلی کو دور بھگایئے اور خوش رہئے۔

مثبت سوچ Positive Thinking : مثبت سوچ اس بات سے کہیں زیادہ ہے کہ آپ خوش ہوں یا اچھے موڈ میں ہوں۔ مثبت خیالات ہماری زندگی میں بہت اہمیت رکھتے ہیں۔ اور ایسی مہارت پیدا کرتے ہیں جس سے دیرپا خوشیاں نصیب ہوتی ہیں۔مثبت سوچ کا مطلب ہے کہ پریشانی اور مشکل میں بھی انسان صبر کا دامن ہاتھ سے جانے نہ دے اور کسی بھی قسم کی حالت یا کیفیت میں غصہ میں آئے بغیر ٹھنڈے دل سے غور و فکر کرے اور کسی مسئلے کا خوشگوار حل ڈھونڈ نکالے۔ہمیں یہ سوچنا ہو گا کہ جو بھی ہو گا اچھا ہی ہو گا برا نہ ہو گا۔

مثبت سوچ کیسے پیدا کی جائے؟۔ پہلے مثبت سوچ کے فوائد جانئے۔اس کے بعد قابو میں رہنے کی ذمہ داری لیجئے۔ منفی خیالات دور کیجئے۔اور منفی خیالات کو روکنے کی منصوبہ بندی کیجئے۔ایک ڈائری ساتھ رکھئے جس میں لکھا ہو کہ آپ کیا سوچتے ہیں اس میں منفی کیا ہے اور مثبت کیا ہے۔ منفی سوچ کو دور کرنے کی کوشش کیجئے۔ مثبت کام کرتے ہوئے منفی سوچ کو دور بھگائے۔ جذباتی ہونے کے بجائے کسی مسئلے کو منطقی انداز میں سوچئے۔ مثبت باتوں اور کاموں کی عادت ڈالئے اس سے منفی سوچ اور منفی اعمال خود بہ خود دور ہونگے۔ نئے کام کیجئے۔ اچھی کتابوں کا مطالعہ کیجئے

اپنی تخلیقی صلاحیتوں کو کھوجئے۔ پرامید لوگوں کے ساتھ وقت گذارئے۔ بامقصد کاموں کو طے کیجئے۔اور کچھ تفریح بھی کرتے رہیں۔

جارحانہ انداز:Assertiveness: جارحانہ انداز کے مفہوم یہ ہے کہ اپنے ذاتی حققوق کے لئے اٹھ کھڑے ہوجائے اوراس کے لئے اپنے خیالات کوایمانداری اور مناسب انداز میں کھل کر بیان کیجئے۔ یہ اہم ہے کہ اپنے جارحانہ انداز کے دوران ہم دوسروں کے خیالات‘ جذبات اورعقائد کا بھی احترام کرتے ہوں۔ جارحانہ انداز کا مطلب ہے کہ ہم اپنے جذبات‘خواہشات‘ضروریات کا مناسب انداز میں اظہار کریں۔ یہ دوسروں کے ساتھ بات کرنے کا ایک اہم ہنر ہے۔چاہے یہ بات چیت گھر پر ہو یا باہر۔جب ہم اپنے مالک‘افسر یا آجر سے بات کرتے ہوں جارحانہ انداز آپ کو اپنی بات کھل کر واضح انداز میں پیش کرنے کا موقع فراہم کرتا ہے۔جارحانہ انداز سے فرد کے مفادات میں بہتری آسکتی ہے۔اپنے حق کے لئے جدو جہد کرنے کا موقع ملتا ہے۔اس سے مسئلے کا حل نکلتا ہے یا مسئلہ واضح انداز میں پیش ہوتا ہے۔

جارحانہ انداز اپنانے کے لئے ضروری ہے کہ ہم اپنے حققوق کی اہمیت کو جانیں۔اپنی صلاحیت کے مطابق کام کریں۔اوراپنی ضروریات کی شناخت کریں۔منفی خیالات کو بھی مثبت انداز میں پیش کریں۔تنقیداور مبارک بادی کو بھی کھلے دل سے قبول کریں۔جب نا کہنا ہو تو صاف انداز میں نا کہنا سیکھیں۔

الف) ہم مرتبہ اشخاص (دوستوں) کا دباؤ:Peer Pressure: ہم مرتبہ شخص ایسا شخص ہوتا ہے جو دوسرے گروپ میں بھی اسی رتبے پر فائز ہوتا ہے۔مثال کے طور پر آپ طالب علم ہیں کلاس میں پڑھتے ہیں۔آپ کے ساتھ آپ کے ہم مرتبہ طالب علم ہیں تو دیگر طلباء آپ کہ ہم مرتبہ ہونگے۔کام کی جگہ پر ساتھی ہم مرتبہ اشخاص ہوتے ہیں۔نوجوانوں کو یہ شدت سے محسوس کرنا چاہئے کہ وہ ایک گروپ کا حصہ ہیں۔اور اکثر انہیں بہت سے لوگوں سے بہت سی باتوں

میں قبولیت لانا پڑتا ہے۔ طالب علم ایک دوسرے کو دیکھ کر فیشن اختیار کرتے ہیں۔ کلاسیس کا بائیکاٹ کرتے ہیں۔ موٹر سائیکل پر اسٹنٹ کرتے ہیں اور کبھی کبھی دوستوں کی غلط صحبت میں پڑ کر سگریٹ نوشی اور منشیات کے استعمال جیسی لعنت میں پڑ جاتے ہیں۔ ہم مرتبہ طالب علموں کے دباؤ سے اکثر طلبا اچھی یا بری عادات اختیار کرنے لگتے ہیں۔ بلوغت کے دوران دوستی کے اثرات اہم رول ادا کرتے ہیں۔ دوستی کے اثرات بلوغت کا اہم حصہ ہیں۔ دوستی کے اثرات کے سبب ہی بچے اپنے بالوں کا اسٹائل رکھتے ہیں۔ لباس میں نئے فیشن اختیار کرتے ہیں۔ اور لوگوں کی مثال لیتے ہیں۔ نوجوان دوستوں کے اثرات سے ہی خطرات مول لیتے ہیں۔ نشہ آور ادویات استعمال کرتے ہیں اور غلط تربیت پر جنسی بے راہ روی کا بھی شکار ہو جاتے ہیں۔ کیوں کہ یہ حرکتیں نوجوان اپنے دوستوں کی صحبت میں رہ کر ہی سیکھتے ہیں۔ خطرات سے کھیلنے والے نوجوان اور بری عادتوں کے نوجوانوں سے دوستی اختیار کرنے کی عادت سے اندازہ ہوتا ہے کہ ایک نوجوان کی اس کے گھر پر اور اسکول میں اچھی تربیت نہیں ہوئی۔ اس لئے وہ کالج کے آزادانہ ماحول میں بری صحبتوں میں پڑ جاتا ہے۔ اگر اچھے دوستوں کا گروہ ہو تو اس سے کسی نوجوان پر اچھے اثرات مرتب ہو سکتے ہیں اور وہ بری عادتوں کے قریب نہیں جا پاتا۔ دوستوں میں اگر رضا کارانہ خدمات کا جذبہ ہو۔ غریبوں کے ساتھ ہمدردی کا جذبہ ہو اور تعلیم میں مہارت کا جذبہ ہو تو اس سے تمام نوجوانوں پر اچھا اثر پڑ سکتا ہے۔

دوستی کے دباؤ سے نپٹنا: دوستی کے دباؤ میں کسی بات کا انکار کرنا مشکل ہوتا ہے۔ اگر ہم اپنے بارے میں سوچیں کے میرے لئے کیا اچھا ہے اور کیا برا ہے تو ہم درست فیصلہ کر سکتے ہیں۔ ہمارے اندر کی طاقت اور خود اعتمادی ہمیں اپنے موقف پر قائم رہنے میں مددگار ہو سکتی ہے۔ اور ہم برے دوستوں کی بری عادتوں سے محفوظ رہ سکتے ہیں۔ اچھے اور مثالی نواجونوں کی دوستی اختیار کیجئے اگر آپ محسوس کرتے ہیں کہ آپ کے اطراف کوئی بھی اچھا نہیں تو آپ دوسروں کے لئے مثال بن جائیں اور اپنی کوشش سے اچھے دوستوں کا گروہ تیار کریں اس سے آپ خود برے

ماحول سے بچ پائیں گے۔ ایسے دوستوں کی مدد کیجئے جو بری دوستی کے اثرات سے بچنا چاہتے ہیں۔ اگر آپ بری صحبت اور دوستی سے پریشان ہیں تو ایسے لوگوں سے بات کریں جن پر آپ بھروسہ کرتے ہوں۔ اگر آپ نے غلطی کو ہو تو شرمندہ ہونے کی کوئی ضرورت نہیں ہے۔ بری صحبت کے بارے میں والدین یا اپنے استادہ سے مشورہ کرنے میں کوئی قباحت نہیں ہے اس لئے ایسے معاملات میں ضرور لوگوں سے مشورہ کریں اور ان کی اچھی باتوں پر عمل کریں۔ دوستی میں اچھے لوگ بھی ہوتے ہیں اور اچھے دوستوں کی ترقی اور ان کے اچھے کاموں سے آپ کے اندر بھی مسابقت کا جذبہ پیدا ہوگا اور آپ بھی اچھے دوستوں کے دباؤ سے ترقی کر سکیں گے۔

ب) اجتماعی کام Team work: اجتماعی کام ایسا کام ہوتا ہے جو کئی ہم خیال لوگ مل کر کرتے ہیں سب انفرادی طور پر کام کرتے ہیں لیکن سب کا مقصد ایک اور اجتماعی ہوتا ہے۔

اجتماعی کام کے فوائد: اجتماعی کام سے مسائل حل ہوتے ہیں۔ کہا جاتا ہے کہ ایک دماغ سے کئی دماغ بہتر ہوتے ہیں۔ کسی مسئلے کے حل کے لئے ہر فرد سے رائے لی جاتی ہے اور اسے ذمہ داری دیتے ہوئے کسی مسئلے کے حل کے لئے کہا جاتا ہے۔ اجتماعی کام سے بہتر نتائج، فیصلے اور بہتر خدمات حاصل کی جاسکتی ہیں۔ اجتماعی کام کا معیار جانچنے کے لئے حسب ذیل امور دیکھے جاتے ہیں جیسے ساتھیوں میں اتحاد، رابطہ، میل جول، کام کا توازن، آپسی تائید اور کوشش وغیرہ۔ اجتماعی کام سے صحت مند مقابلہ آرائی پیدا ہوتی ہے۔ اور ایک دوسرے کی حوصلہ افزائی کرتے ہوئے کسی کام کو مل کر بہتر طور پر انجام دیا جاسکتا ہے۔ ہر رکن کی اپنی منفرد صلاحیت ہوتی ہے جس کی بنا وہ اجتماعی کام میں رونق لا سکتا ہے۔

ج) بین شخصی تعلقات Interpersonal Relationship: بین شخصی تعلقات دو یا دو سے زائد اشخاص کے درمیان آپسی تعلقات ہوتے ہیں جن کی بنا لوگ آپسی مسائل کو حل کرتے ہیں۔ بین شخصی تعلقات پیشہ وارانہ شعبہ، سماجی اور ثقافتی شعبوں میں فروغ پاتے ہیں۔ یہ تعلقات شادی، دوستی،

پڑوسی' عبادت کے مقامات' تفریح کے مقامات اور دیگر عوامی مقامات پر قائم ہوتے ہیں۔ ان تعلقات کے لئے اصول اور قوانین ہوتے ہیں۔ یا آپسی رضامندی سے بھی دوستی کی جاتی ہے۔

بین شخصی تعلقات بڑھانا: زندگی میں کامیابی کے حصول کے لئے بین شخصی تعلقات کا بڑھانا ضروری ہے۔ ان تعلقات کے بڑھانے سے اندازہ ہوتا ہے کہ زندگی میں آپ کیا حاصل کرنا چاہتے ہیں۔ ہم لوگوں سے کیسے بات کرتے ہیں' کیسے پیش آتے ہیں' ہمارا لہجہ کیسا ہوتا ہے اور بات کرتے وقت ہمارے چہرے پر کیا اثرات ہوتے ہیں یہ تمام باتیں بین شخصی تعلقات بڑھانے میں اہمیت کی حامل ہوتی ہیں۔ اگر ہم لوگوں سے متاثر کن انداز میں بات کرتے ہیں یا پیش آتے ہیں تو لوگ آپ سے متاثر ہونگے اور آپ سے تعلق بڑھانے میں دلچسپی رکھیں گے۔ انفارمیشن ٹیکنالوجی کے اس دور میں معلومات کا تیز رفتاری سے تبادلہ عمل میں آرہا ہے۔ ایسے میں بین شخصی تعلقات کی اہمیت بڑھ جاتی ہے۔ یہی وجہ ہے کہ موجودہ دور میں انٹرنیٹ کے ذریعے سماجی روابط میں اضافہ بڑھ گیا ہے۔ اور لوگ دوسرے ہم خیال لوگوں سے دور دراز مقامات سے روابط پیدا کررہے ہیں۔ دوسروں سے تعلقات کا آغاز تب ہی ہوگا جب کہ آپ دوسروں کی بات سنیں گے اور آپ انہیں یہ احساس دلائیں کہ آپ ان کی بات پر توجہ دے رہے ہیں۔ بین شخصی تعلقات کا فائدہ یہ ہے کہ زندگی میں وقت پڑنے پر لوگ آپ کی مدد کو آئیں گے یا آپ دوسروں کی مدد کریں گے اس سے بہتر صحت مند سماجی رابطہ بڑھتا ہے اور زندگی میں خوشیاں آسکتی ہیں۔

یونٹ 5

ماحولیاتی خدشات

Environmental Concerns

وہ علاقہ جس میں جاندار رہتے ہیں ماحول کہلاتا ہے۔ اس میں نامیاتی (جاندار) اور غیر نامیاتی (بے جان) عناصر رہتے ہیں۔ ماحولیاتی مطالعہ کو انگریزی میں Ecological Study کہتے ہیں۔ Ecology کا لفظ یونانی زبان سے نکلا ہے۔جس کا مطلب رہائش کا مطالعہ ہے۔سپریم کورٹ آف انڈیا کے ایک فیصلے میں ماحولیاتی مطالعے کو تعلیمی نصاب کا ایک لازمی حصہ قرار دیا گیا ہے۔ ہمارے اطراف جو ماحول ہے وہ روشنی، ہوا، پانی اور حرارت جیسے عناصر سے تشکیل پایا ہے۔ ماحول کے کچھ حصے جیسے زمین اور پانی وسائل کا کام انجام دیتے ہیں۔ جبکہ حرارت اور روشنی وغیرہ ماحول کو باقاعدہ بناتے ہیں۔ یہ تمام عناصر ایک دوسرے سے مربوط ہوتے ہیں۔ زندگی کی بقاء کے لئے ماحول کا سازگار ہونا ضروری ہے۔انسانی زندگی سے ماحول کا گہرا تعلق ہے۔ انسان اپنے اعمال وافعال کے ذریعے ماحول پر اثر انداز ہوتا رہتا ہے۔ ماحول کے مختلف عناصر اور زمین پر موجود قدرتی وسائل کی تفصیلات اس طرح ہیں۔

درجہ حرارت :- انسان پودے اور جانور ایک مخصوص درجہ حرارت میں ہی زندہ رہ سکتے ہیں۔ زمین پر درجہ حرارت سورج کی روشنی سے برقرار رہتا ہے۔ زمین پر اگر کسی علاقے میں درجہ حرارت کم یا زیادہ ہوجائے تو اپنے لئے سازگار درجہ حرارت کی تلاش میں انسان اور جانور دوسرے مقامات کو نقل مقام کرتے ہیں۔اور اپنے لئے سازگار ماحول فراہم کر لیتے ہیں۔ انسان سردی میں گرمی اور گرمی میں سردی کے ظاہری انتظامات کرتا ہے۔اور زندگی کو پُرسکون بنانے کی کوشش کرتا ہے۔ سورج حرارت

کا اہم ذریعہ ہے۔اور زمین پر ہر طرح کی زندگی کے لئے اس کی حرارت ضروری ہے۔

روشنی: -روشنی بھی ہمارے ماحول کا ایک اہم حصہ اور ضرورت ہے۔ پودے سورج کی روشنی میں اپنی غذا تیار کرتے ہیں۔انسان کے علاوہ دیگر کئی جاندار اور پودے سورج کی روشنی سے حرارت حاصل کرتے ہیں۔اور روشنی میں دنیا کے کئی کام ہوتے ہیں۔

زمین: زمین انسانی زندگی کا مرکز ہے۔ دنیا میں جتنے سیارے ہیں اس میں زمین پر ہی زندگی ہے۔زمین پر پانی بھی ہے اور زمین کے اوپر مخصوص بلندی تک ماحول بھی ہے جو زمین کے ساتھ رہتا ہے۔زمین کے اوپر اور زمین میں کافی قدرتی وسائل ہوتے ہیں۔زمین کے اوپر فضاء میں آکسیجن ہے۔زمین پر پودے اناج اور غلہ اگتے ہیں۔ ہندوستان میں لوگ زمین کو ماں کا درجہ دیتے ہیں کیونکہ انہیں احساس ہے کہ جس طرح ماں اپنے بچے کی ہر ضرورت کا خیال رکھتی ہے اسی طرح زمین بھی انسانی ندگی کی بیشتر ضروریات کی تکمیل کرتی ہے۔

پانی: -پانی زندگی کا اہم حصہ ہے۔ پانی کے بغیر زندگی ممکن نہیں۔ پانی سمندر دریا ندی نالوں پہاڑوں کی چوٹیوں پر برف کی شکل میں اور زیر زمین ذخیرے کی شکل میں محفوظ رہتا ہے۔جن علاقوں میں وافر مقدار میں میٹھا دستیاب ہے وہاں آبادی زیادہ ہے۔میٹھا پانی انسانی زندگی کی ضرورت ہے جن علاقوں میں میٹھا پانی دستیاب نہیں ہے وہاں سمندر کے پانی کو پلانٹ کے ذریعے صاف کیا جاتا ہے اور اسے قابل استعمال بنایا جاتا ہے۔

ہوا: -موسم کے حالات کو ہوا کے ذریعے سمجھا جاسکتا ہے۔ہوا پانی سے بھرے بادلوں کو ایک مقام سے دوسرے مقام تک پہونچاتی ہے۔پھلوں سے نکلے بیجوں کو دور تک لے جاتی ہے۔ہوا میں انسانوں اور جانوروں کی زندگی کے لئے لازمی گیسیں شامل ہوتی ہیں۔نباتاتی پیداوار کا انحصار بھی ہوا پر ہوتا ہے۔

درخت: درخت اور انسان ماحول کا ایک اہم حصہ ہیں۔ ماحولیاتی توازن کی برقراری کے لئے ضروری ہے کہ انسان زیادہ سے زیادہ درخت اگائے۔درخت زمین کو کٹنے نہیں دیتے۔جس کے

سبب زمین میں نمی رہتی ہے اور وہ بنجر نہیں ہوتی۔ درخت قدرتی طور پر جنگل میں اگتے ہیں لیکن شہری علاقوں میں درخت لگاؤ مہم اور ان کی مناسب دیکھ بھال کے ذریعے درخت لگانا چاہئے جس سے ماحول میں صاف ہوا مل سکتی ہے اور کاربن ڈائی آکسائڈ کی سطح قابو میں رہ سکتی ہے۔ درخت ایک اہم قدرتی وسیلہ ہے جس سے انسان کو غذا' پھل' تیل' لکڑی' ادویہ اور دیگر کارآمد چیزیں حاصل ہوتی ہیں۔ انسان جس تیزی سے درخت کاٹ رہا ہے اس تیزی سے درخت اگانا بھی ضروری ہے۔

جانور: جانور بھی ایک اہم قدرتی وسیلہ ہیں۔ جو انسان کے گھریلو اور تجارتی مقاصد کے لئے کام آتے ہیں۔ چھوٹے اور بڑے جانور ہمارے ماحول میں توازن پیدا کرنے کے لئے ضروری ہیں۔ جانوروں سے ہمیں گوشت' دودھ چربی' اون اور فائبر وغیرہ حاصل ہوتا ہے۔ جنگلی جانور جو ایک دوسرے کو مار کر اپنی غذائی ضروریات کی تکمیل کرتے ہیں وہ بھی ماحول کو باقاعدہ بنانے کے لئے ضروری ہیں۔

رطوبت:- ماحول میں پانی کے بخارات کی موجودگی کو رطوبت کہتے ہیں۔ موسم کی تبدیلی کا انحصار رطوبت پر ہوتا ہے۔

دھاتی عناصر:- زندہ رہنے والی نامیاتی اشیاء کو نمو اور پرورش کے لئے کئی دھاتی عناصر جیسے لوہا' فولاد' پارہ وغیرہ کی ضرورت ہوتی ہے۔ ان دھاتی عناصر کی کمی یا زیادتی جانداروں کے لئے نقصان دہ ثابت ہوتی ہے۔

سوال 2: ان غیر اخلاقی عادتوں کو بیان کیجئے جن کے سبب قدرتی وسائل ختم ہوتے جا رہے ہیں؟

جواب: ماحول دو قسم کا ہوتا ہے۔ ایک قدرتی ماحول دوسرے انسان کا بنایا ہوا ماحول۔ زندہ رہنے والے اجسام ماحول کو متاثر کرتے ہیں۔ جواب میں ماحول انہیں متاثر کرتا ہے۔ سائینس کی ترقی کے بعد سے انسان ماحول کو بہت متاثر کرنے لگا ہے۔ ماحول میں انسان کی بے جا مداخلت

ہو رہی ہے۔ اپنی زندگی کو آرام دہ بنانے کے نام پر انسان ماحول میں تیز رفتار تبدیلیاں پیدا کر رہا ہے۔ ابتدا میں انسان جنگلوں میں اور پہاڑوں کے غاروں میں رہا کرتا تھا۔ بعد میں پکے مکان بنا کر رہنے لگا۔ آبادی میں اضافے سے جنگل کاٹے جا رہے ہیں۔ اور اونچی اونچی عمارتوں کی شکل میں کنکریٹ کا جنگل پیدا کیا جا رہا ہے۔ جنگلوں کے صفائے سے جنگلی جانوروں کی رہائش مشکل ہوگئی ہے۔ کئی جانوروں کی نسلیں معدوم ہوتی جا رہی ہیں۔ جب سے انسان نے صنعتیں شروع کی ہیں۔ ان صنعتوں اور فیکٹریوں سے نکلنے والے بے کار مادے دریاؤں' تالابوں اور زیر زمین پانی کو آلودہ کر رہے ہیں۔ کارخانوں کی چمنیوں سے بھاری مقدار میں نکلنے والا دھواں ہوا کو آلودہ کر رہا ہے۔ گذشتہ ایک صدی میں انسان نے صنعتی شعبے میں کافی ترقی کی ہے۔ لیکن اس نے اپنے ماحول کو بھی شدید نقصان پہونچایا ہے۔ بڑی صنعتیں، حمل ونقل کے نئے نئے ذرائع' کھاد اور کیڑے مار ادویہ کے ذیادہ استعمال سے ماحول آلود بنا رہا ہے۔ جن کیڑوں کو مارنے کے لئے دوا ڈالی جا رہی ہے۔ ان مرے ہوئے کیڑوں کو کھانے سے پرندے مر رہے ہیں۔ اور پرندوں کی نسلوں کی بقا کو خطرہ لاحق ہوگیا ہے۔ ہمارے ماحول کو مزید بگڑنے سے بچانے کے لئے لوگوں کو باشعور بنانا ضروری ہے۔ ماحول کی حفاظت کے لئے انسانی ذمہ داری کا احساس دلانا ضروری ہے۔ لوگوں کو ماحول اور فطرت کے اصولوں کے بارے میں باخبر کرنا ضروری ہے۔ انسان ' حیوان اور پیڑ پودوں کا وجود ایک دوسرے کے لئے لازمی ہے۔ انسان اپنے فائدے کے لئے ایسا کوئی کام نہ کرے جس سے حیوانات پیڑ پودوں اور ماحول کو کوئی نقصان پہونچے۔ انسانوں کو یہ احساس دلایا جائے کہ ان کے اعمال و افعال سے کس طرح ماحول متاثر ہوتا ہے۔ چھوٹے پیمانے پر کیا گیا کوئی کام کس طرح پورے ماحول کو متاثر کرتا ہے۔ ماحولیات کے مطالعے سے انسان ماحول میں توازن اور قدرتی انداز برقرار رکھ سکتا ہے۔

سوال 3: زمین کے کٹاؤ اور جنگلات کے کٹاؤ پر قابو پانے کے چند اقدامات بیان کرو؟

جواب: زمین کا کٹاؤ Soil Erosion: زمین کے کٹاؤ میں زمین کی سطح سے مٹی اور چٹانوں کا ہٹ جانا ہے۔ یہ کٹاؤ تیز ہواؤں اور سیلابی بارش کے سبب ہوتا ہے۔ کٹی ہوئی مٹی نچلے مقامات تک چلی جاتی ہے۔ زمین کا کٹاؤ ایک قدرتی عمل ہے۔ تاہم انسانی کاموں سے یہ عمل 40 گنا زیادہ ہوگیا ہے۔ زمین کے کٹاؤ میں زیادتی سے زمین بنجر ہوکر صحرا میں بدل جاتی ہے۔ پودے نہیں اگتے اور ماحولیاتی بگاڑ پیدا ہوتا ہے۔ انسان اپنی شعوری کوشش سے زمین کے کٹاؤ کو کم کر سکتا ہے اس کے لئے حسب ذیل اقدامات کی ضرورت ہے۔

زمین کے کٹاؤ کو روکنے کے اقدامات: درخت زمین کی سطح کو باندھے رکھتے ہیں اس لئے زمین کے کٹاؤ کو روکنے کے لئے ضروری ہے کہ زمین پر زیادہ سے زیادہ پودے اگائے جائیں۔ پودے بارش کے پانی کے بہاؤ کو کم کرتے ہیں جس سے بارش کا پانی زمین میں زیادہ جذب ہوتا ہے اور زیر زمین پانی کی سطح بلند ہوتی ہے۔ پودوں کی جڑیں زمین کی سطح کو پکڑے رکھتی ہیں جس سے زمین کا کٹاؤ کم ہوتا ہے۔ پودے زمین پر گرنے والے بارش کے پانی کے اثر کو کم کرتے ہیں جس سے زمین کا کٹاؤ کم ہوتا ہے۔ دریاؤں کے کنارے درخت اگانے سے زمین کا کٹاؤ کم ہوتا ہے۔ زمین کے کٹاؤ پر قابو پانے کے لئے تکنیکی کوششیں بھی ضروری ہیں۔ جیسے ہوا پر قابو پانے کے بریک لگانا' قدرتی حل چلانا' کاشت والی زمین کے درمیان غیر کاشت کردہ گھاس کی پٹیاں لگانا' ہر حال میں پودے اگانے کا سلسلہ جاری رکھنا' فصلوں کی زمین کا زیادہ استعمال ترک کرنا' ایک ساتھ مختلف قسم کے پودے اگانا تا کہ حیاتیاتی وحدت قائم رہے۔ تر زمین کا تحفظ' پانی کی نکاسی کی مناسب نالیاں بنانا' جنگل اگانے کی مہم چلاتے رہنا چند ایسے امور ہیں جن سے زمین کے کٹاؤ پر قابو پایا جا سکتا ہے۔

زمین کے بڑے علاقے پر قدرتی طور پر جو پیڑ پودے اُگ آتے ہیں۔ اور ان کے درمیان جو جنگلی جانور رہتے ہیں۔ اس ماحول کو جنگل کہتے ہیں۔ انسان جنگل اُگانے کی کوئی شعوری کوشش

نہیں کرتا۔ سطح زمین کے ایک تہائی حصے پر جنگل واقع ہیں۔ جنگل کا وجود انسانی زندگی کے لئے بہت ضروری ہے۔ کیونکہ جنگلات قدرتی وسائل کا اہم ذریعہ ہوتے ہیں۔ اگر جنگلات کے تحفظ اور انہیں برقرار رکھنے کے اقدامات کیئے جائیں تو جنگلاتی وسائل کے فوائد جاری رہ سکتے ہیں۔ جنگل سے انسانوں کو حاصل ہونے والے اہم قدرتی وسائل اس طرح ہیں۔

لکڑی: جنگل سے انسان کو طرح طرح کی لکڑی حاصل ہوتی ہے۔ جنگل کی بیشتر لکڑی ایندھن کے طور پر جلانے کے کام آتی ہے۔ انسان جنگل کی 80 فیصد لکڑی اپنی غذا کو پکانے کے لئے جلاتا ہے۔ اس طرح بطور ایندھن جنگلاتی لکڑی کی بہت مانگ ہے۔ ساگوان شیشم اور دیگر اقسام کی لکڑی سے مکان کی تعمیر' فرنیچر اور دیگر ضروریات کی اشیاء بنائی جاتی ہیں۔ بمبو کی لکڑی سے کاغذ بنایا جاتا ہے۔ اور طرح طرح کے باسکٹ وغیرہ بنائے جاتے ہیں۔ کین کی لکڑی سے کرسیاں' سہارے کی لکڑی اور دیگر اشیاء تیار کی جاتی ہیں۔ اس لئے انسان کو چاہئے کہ وہ اپنی مختلف ضروریات کی لکڑی کو آسانی سے حاصل کرنے کے لئے جنگل کو نہ ختم کرے۔ اور اس کے تحفظ کے اقدامات کرتا رہے۔

تیل: جنگلات کے پیڑ پودوں سے کئی قسم کے ضروری تیل اور مادے حاصل ہوتے ہیں۔ صندل کی لکڑی' ربڑ بنانے کا مادہ' چہرے کو نکھارنے کے تیل' پوڈر' جڑی بوٹیاں' دوائیں ' مصالحے' جراثیم کش ادویات' پلاسٹک وغیرہ جنگل سے ہی حاصل ہوتے ہیں۔ ان اشیاء کے حصول میں آسانی کی خاطر بھی انسان کو جنگلات کا تحفظ کرنا چاہئے۔

غذا: جنگلات سے جانوروں اور انسانوں کو راست یا بالراست طریقے سے غذا حاصل ہوتی رہتی ہے۔ جنگلی جانور چارے اور دوسرے جانوروں کا شکار کر کے اپنی غذا جنگل سے حاصل کرتے ہیں۔ انسان جانوروں سے گوشت اور دودھ حاصل کرتا ہے۔ دودھ سے کئی غذائی اشیاء تیار ہوتی ہیں۔ شہد جنگل سے حاصل کیا جاتا ہے۔ جنگل میں قبائیلی لوگ رہتے ہیں۔ ان کی زندگی

اور معیشت سدھارنے میں جنگل اہم رول ادا کرتے ہیں۔ جنگل سے انہیں غذا، ادویات اور گھروں کی تعمیر کے ساز وسامان اور دیگر قیمتی اشیاء حاصل ہوتی ہیں۔

جنگلات کے دیگر فوائد: جنگل کا ایک اہم فائدہ یہ ہے کہ ان سے زمین کے کٹاؤ کو روکنے میں مدد ملتی ہے۔ تیز ہواؤں اور بارش کے سبب سوکھی زمین کٹتی رہتی ہے۔ اور علاقے کے علاقے سمندر میں ڈوب جاتے ہیں۔ اگر زمین پر جنگل ہوں تو درخت وغیرہ زمین کو مضبوطی فراہم کرتے ہیں۔ اور زمین کٹاؤ سے بچی رہتی ہے۔ درختوں کی چھاؤں سے زمین سوکھنے نہیں پاتی۔ اور اس کی نمی برقرار رہتی ہے۔ جس سے جنگل ہرا بھرا رہتا ہے۔ زمین کی نمی سے ہوا میں رطوبت قائم رہتی ہے۔ اور موسم زیادہ گرم نہیں ہوتا۔ جس سے انسانوں اور جانورں کی زندگی پر سکون رہتی ہے۔ جنگلات انسانوں کی چھوڑی ہوئی کاربن ڈائی آکسائڈ گیس جذب کرتے ہیں۔ اور جواب میں صاف آکسیجن گیس خارج کرتے ہیں جو انسانی زندگی کے لئے لازمی ہے۔ اس طرح جنگلات کے وجود سے ماحولیاتی آلودگی کم ہوتی ہے۔ جنگل کے وجود سے جنگلی جانوروں کی بقاء ممکن ہے۔ ورنہ کئی جنگلی جانورں کی نسلوں کے معدوم ہونے کا اندیشہ ہے۔ اس لئے جنگلات کے تحفظ کے اقدامات ضروری ہیں۔

جنگلات کے کٹاؤ کے نقصانات: انسان اپنی رہائش کی خاطر اور جلانے کی لکڑی حاصل کرنے کے لئے بڑی تیزی سے جنگل کاٹ رہا ہے۔ ایک درخت کو کاٹتے ہوئے انسان خود اپنے پیروں پر کلہاڑی مار رہا ہے۔ جنگلی جانوروں کی بقاء اور انسانی صحت کے لئے بڑے خطرے پیدا ہو رہے ہیں۔ جنگل کاٹنے کے چند نقصانات اس طرح ہیں۔ جنگل کے کاٹنے سے زمینی کٹاؤ کا خطرہ بڑھ جاتا ہے۔ تیز ہواؤں اور بارش کے سبب زمین کٹنے لگتی ہے۔ اور زرخیز زمین بہہ جاتی ہے۔ جنگل کے کاٹنے سے قدرتی وسائل کے حصول میں دشواری پیدا ہونے لگتی ہے۔ تعمیری لکڑی اور ایندھن کی لکڑی کی قلت کے سبب اس کی قیمت بڑھ رہی ہے۔ مستقبل میں ایندھن کی لکڑی کی طلب

بڑھنے کا خطرہ بڑھ رہا ہے۔ادویات اور دیگر ضروری اشیاء کی مانگ بڑھ رہی ہے۔جنگلات کے کٹاؤ سے سیلاب آتے ہیں۔سیلابی پانی اپنے تیز بہاؤ کی وجہہ سے زمین کاٹ کر بھاری مقدار میں مٹی اور ریت لے جاتا ہے۔یہ ریتی پانی جمع کرنے کے ڈیموں میں جمع ہونے لگتی ہے۔ریت کی موجودگی سے ڈیموں میں پانی کم جمع ہوتا ہے۔اس طرح برقی کی پیداوار اور دیگر زرعی مقاصد کے لئے بھاری مصارف سے تیار کردہ ڈیم کم پانی اور زیادہ ریت رکھنے کے سبب اپنا مقصد کھو دیتے ہیں۔تلنگانہ میں نظام ساگر ڈیم میں زیادہ ریتی جمع ہوگئی ہے۔اور وہاں کم پانی جمع ہورہا ہے۔جنگل کاٹنے سے موسم میں تغیر پیدا ہوتا ہے۔اوسط بارش میں کمی واقع ہوتی ہے۔جنگلی جانوروں کا ٹھکانہ برقرار نہ رہے تو ان کی زندگی خطرے میں پڑ جاتی ہے۔جنگل ریگستانوں میں تبدیل ہونے لگتے ہیں۔قحط سالی شروع ہوجاتی ہے۔زرخیز زمین بنجر ہوجاتی ہے۔آلودگی بڑھ جاتی ہے۔کیونکہ درختوں کی کمی سے فضاء میں کاربن ڈائی آکسائڈ کی مقدار بڑھنے لگتی ہے اور آکسیجن کی کمی واقع ہوتی ہے۔آج شہروں میں اسی وجہہ سے فضائی آلودگی بڑھ گئی ہے جس کے سبب شہری لوگ زیادہ بیمار ہونے لگے ہیں۔

جنگلات کے تحفظ کے اقدامات: جنگلات کے تحفظ اور ان کی بقاء کی ذمہ داری انسانوں پر عائد ہوتی ہے۔اس کے لئے سرکاری اور عوامی سطح پر منصوبہ بند اقدامات کی ضرورت ہے۔عام طور پر جنگلاتی آگ، درختوں کی بڑے پیمانے پر کٹائی اور جانوروں کی ہلاکت سے جنگل تباہ ہوجاتے ہیں۔اس لئے موجودہ جنگلوں کا تحفظ کیا جانا چاہئے۔اور تباہ شدہ جنگلوں میں تیزی سے اُگنے والے پودے لگانے کی مہم چلانا چاہئے۔ایندھن کے لئے لوگوں میں لکڑی کے بجائے بائیوگیس یا سورج کی روشنی سے چلنے والے شمسی چولہوں کے استعمال پر زور دینا چاہئے۔جتنے درخت کاٹے گئے ہوں اتنے درخت لگانے چاہئیں۔حکومت اور عوام کو غیر قانونی طور پر درخت کاٹنے سے روکنا چاہئے۔قانون توڑنے والوں کو سخت سزا دینی چاہئے۔سندر لال بہوگنا نے جنگلات کے تحفظ کے

لئے گڑھوال یو پی میں چپکو تحریک شروع کی تھی اس طرح کی جنگل بچاؤ تحریکوں کو شروع کرنا چاہئے۔ جنگلات کے تحفظ سے ماحول قابو میں ہوگا۔ اور انسانی زندگی کئی مسائل سے بچ سکے گی۔

الف) آلودگی: انسان کو اس کے جسم کی طبعی ضرورتوں کے اعتبار سے صاف ہوا' صاف پانی' متوازن غذا' پرسکون ماحول کی ضرورت ہوتی ہے۔ اگر ان ضروریات میں نقصان دہ چیزیں مل جائیں تو ہوا پانی آلودہ ہو جاتے ہیں۔ جن سے صحت کے نقصانات بڑھ جاتے ہیں۔ فضائی آلودگی' آبی آلودگی' صوتی آلودگی وغیرہ آلودگی کی چند اقسام ہیں۔

زندگی کے لئے صاف ہوا ایک لازمی عنصر ہے۔ ایک انسان روزانہ اوسطاً 16 تا 20 کلو ہوا سانس کے ذریعے جسم میں داخل کرتا ہے۔ اگر وہ آلودہ ہوا میں سانس لے رہا ہو تو اندازہ لگائیے کہ وہ کس قدر خطرے میں ہے۔ اگر ہوا میں دوسری گیسیں شامل ہونے لگیں تو ہوا میں آکسیجن کی قدرتی آمیزش کا تناسب کم ہوتا جائے گا۔ ہوا میں ٹھوس ذرات' دھواں' مٹی کے ذرات شامل ہوتے رہتے ہیں۔ بڑے اور صنعتی شہروں میں فضائی آلودگی سے بہت زیادہ خطرہ ہے۔ بڑے بڑے کارخانوں کی چمنیوں سے نکلنے والا دھواں' طرح طرح کی گاڑیوں سے نکلنے والا دھواں اور بجلی بنانے والے تھرمل اسٹیشن و نیوکلیر اسٹیشن وغیرہ سے نکلنے والا دھواں فضاء میں شامل ہو کر آلودگی کو بڑھا رہا ہے۔ دھویں سے دھندسی چھا جاتی ہے۔ اور شہروں میں کم دکھائی دیتا ہے۔ فضائی آلودگی نہ صرف انسانوں کو بلکہ جانوروں اور دوسرے پیڑ پودوں کو متاثر کرتی ہے۔ بنیادی طور پر فضائی آلودگی صحت کے لئے نقصان دہ گیسوں' دھواں' غبار' ٹھوس ذرات کے صاف ہوا میں شامل ہونے سے پھیلتی ہے۔ نقصان دہ گیسوں میں ایک کاربن مونو آکسائڈ ہے۔ جو گاڑیوں اور کارخانوں کے دھویں میں شامل ہوتی ہے۔ ہوا میں اس کی زیادتی انسان کے دل پھیپھڑے اور اعصابی نظام کو متاثر کرتی ہے۔ ایک گیس سلفر کے مرکبات پر مبنی ہوتی ہے۔ یہ پودوں کے سڑنے گلنے' آتش فشاں کے پھٹنے اور تھرمل پلانٹس سے نکلتی ہے۔ سلفر ڈائی آکسائڈ کی

ہوا میں زیادتی سانس لینے میں دشواری پیدا کرتی ہے۔ سر کا درد اور آنکھوں میں جلن پیدا کرتی ہے۔ یہ گیس آبی بخارات میں مل کر تیزابی بارش کا اثر پیدا کرتی ہے۔ جس سے پودوں عمارتوں اور انسانوں کو نقصان پہونچتا ہے۔ دیگر نقصان دہ گیسوں نائٹروجن آکسائڈ' ہائیڈروکاربن اور تمباکو نوشی کا دھواں وغیرہ ہے۔ تمباکو کا دھواں تمباکو پینے والے سے زیادہ دھواں سونگھنے والے کو متاثر کرتا ہے۔ اس سے کینسر کا خطرہ لاحق رہتا ہے۔ فضائی آلودگی ٹھوس ذرات کے سبب بھی ہوتی ہے۔ ہوا میں سمنٹ کے ذرات نکل کر شامل ہوتے رہتے ہیں۔ جو سانس کے ذریعے جسم انسانی میں داخل ہو جاتے ہیں۔ اور انسانی صحت کو متاثر کرتے ہیں۔

فضائی آلودگی کے ماحول پر اثرات: جنگلات کے کٹاؤ اور لکڑی کی بڑی مقدار جلا دینے سے فضاء میں گیسوں کا توازن بگڑ رہا ہے۔ گذشتہ سو سال سے فضاء میں کاربن ڈائی آکسائڈ کی مقدار 15 فیصد بڑھ گئی ہے۔ جس سے ہر سال زمین کے درجہ حرارت میں اضافہ ہو رہا ہے۔ اور اس اضافہ سے ماحول پر پڑنے والے اثرات کو '' سبز گھر کا اثر'' "Green House Effect" کہتے ہیں۔ سورج کی روشنی جب زمین کی طرف آتی ہے تو فضاء کے اوپر موجود اوزون کی پرت سورج کی روشنی سے خارج ہونے والی بالائے بنفشی شعاؤں Ultra Violet Rays کو جذب کر کے گرمی کی شدت کو کم کرتی ہے۔ اور معتدل سورج کی شعاعیں زمین پر پڑتی ہیں۔ کاربن ڈائی آکسائڈ کی زیادتی سے اوزون کی پرت میں سوراخ ہو رہے ہیں۔ اور اس کی وجہ سے زمین کا درجہ حرارت خطرناک حد تک بڑھتا جا رہا ہے۔ جس کے سبب خطرہ ہے کہ قطب شمالی اور قطب جنوبی پر موجود برف بھاری مقدار میں پگھلنے لگے گی۔ جس سے سمندروں کی سطح بلند ہو گی۔ اور زمین کے ساحلی علاقے ڈوب جائیں گے۔ بالائے بنفشی شعاؤں کے مضر اثرات ہوتے ہیں۔ اس سے پودوں میں غذا کی تیاری کا عمل متاثر ہوتا ہے۔ اور جلد کا کینسر بھی ہو سکتا ہے۔ اس لئے فضاء میں کاربن ڈائی آکسائڈ کی مقدار پر قابو پانے کے لئے زیادہ سے

زیادہ پودے لگانے چاہئیں۔

انسانوں اور جانوروں پر فضائی آلودگی کے اثرات: فضائی آلودگی سے انسانی صحت متاثر ہوتی ہے۔ تنفّسی بیماریاں بڑھتی ہیں۔ کھانسی تپ دق کی بیماری ہوتی ہے۔ خون کی روانی متاثر ہوتی ہے۔ جسم میں آکسیجن کی سپلائی متاثر ہوتی ہے۔ فضائی آلودگی کے اثرات پودوں پر بھی ہوتے ہیں۔ ان میں غذا کی تیاری کا عمل متاثر ہوتا ہے۔ پودے سوکھنے لگتے ہیں۔

فضائی آلودگی کی روک تھام کے اقدامات: موجودہ دور میں فضائی آلودگی کو مکمل طور پر دور کرنا مشکل ہے۔ تاہم کئی اقدامات کرتے ہوئے فضائی آلودگی پر قابو پایا جاسکتا ہے۔ مناسب قانون سازی اور اس پر سختی سے عمل آوری سے لوگوں کو پابند کیا جاسکتا ہے۔ نقصان دہ گیسوں کو جذب کرنے والے آلات کا استعمال کیا جائے۔ کارخانوں کی چمنیوں کو بلند کیا جائے۔ تاکہ نقصان دہ گیسیں ہوا سے اُڑ کر دور چلی جائیں۔ اور انسانوں کو نقصان نہ پہونچا سکیں۔ نقصان دہ کیمیائی مادوں کو قابل استعمال بنایا جائے۔ ایندھن کے استعمال پر کنٹرول کیا جائے۔ غیر ضروری گاڑیاں نہ چلائی جائیں۔ گاڑیوں کی حد سے زیادہ فروخت پر پابندی لگائی جائے۔ پرانی گاڑیوں کے استعمال پر پابندی لگائی جائے کیونکہ یہ گاڑیاں زیادہ دھواں چھوڑ کر فضائی آلودگی بڑھاتی ہیں۔ کارخانوں کے قیام سے پہلے ماحرین ماحولیات سے اجازت حاصل کی جائے۔ آبادی سے کافی دور کارخانے قائم کئے جائیں۔ کارخانوں کے قریب آبادی کو بسنے سے روکا جائے۔ ڈیزل سے چلنے والی ریل گاڑیوں کو برقی سے چلایا جائے۔ بغیر lead کا پٹرول استعمال کیا جائے۔ ایسی توانائی استعمال کی جائے جس میں دھواں نہیں نکلتا ہو جیسے شمسی توانائی' نیوکلیر توانائی' لہروں کی توانائی وغیرہ۔ پکوان کے لئے لکڑی یا گوبر جلانے کے بجائے ایل پی جی گیس استعمال کی جائے۔ کارخانوں کے اطراف زیاد سے زیادہ درخت لگائے جائیں۔ ان اقدامات پر عمل کیا جائے تو فضائی آلودگی پر بہت حد تک قابو پایا جاسکتا ہے۔۔ پرانی گاڑیوں کے استعمال پر پابندی

لگائی جائے کیونکہ یہ گاڑیاں زیادہ دھواں چھوڑ کر فضائی آلودگی بڑھاتی ہیں۔ کارخانوں کے قیام سے پہلے ماحرین ماحولیات سے اجازت حاصل کی جائے۔ آبادی سے کافی دور کارخانے قائم کئے جائیں۔ کارخانوں کے قریب آبادی کو بسنے سے روکا جائے۔ ڈیزل سے چلنے والی ریل گاڑیوں کو برقی سے چلایا جائے۔ بغیر lead کا پٹرول استعمال کیا جائے۔ ایسی توانائی استعمال کی جائے جس میں دھواں نہیں نکلتا ہو جیسے شمسی توانائی' نیوکلیر توانائی' لہروں کی توانائی وغیرہ۔ پکوان کے لئے لکڑی یا گوبر جلانے کے بجائے ایل پی جی گیس استعمال کی جائے۔ کارخانوں کے اطراف زیاد سے زیادہ درخت لگائے جائیں۔ ان اقدامات پر عمل کیا جائے تو فضائی آلودگی پر بہت حد تک قابو پایا جاسکتا ہے۔ انسان کو اپنی صحت کی فکر خود کرنا چاہئے ورنہ نقصان کے بعد افسوس کرنے سے کچھ فائدہ نہیں ہوگا۔

آبی آلودگی: پانی میں مضر اور صحت کے لئے نقصان دہ اجزاء شامل ہوجائیں تو ایسے پانی کو آلودہ پانی کہتے ہیں۔ اور پانی میں آلودگی کے شامل ہوجانے کو آبی آلودگی کہتے ہیں۔ صاف پانی میں نالیوں کی گندگی اور صنعتوں سے نکلنے والے بے کار مادے اور تیل وغیرہ شامل ہوجانے سے پانی آلودہ ہوجاتا ہے۔ آلودہ پانی صحت انسانی کے لئے نقصان دہ ہوتا ہے۔ گھروں سے نکلنے والی گندگی نالیوں کے ذریعے بڑے نالوں اور تالابوں کے ذریعے بالآخر دریا میں جاملتی ہے۔ اگراس طرح کی گندگی کو پانی کے ذخائر میں ملنے سے نہ روکا جائے تو پانی آلودہ پانی ہوجاتا ہے۔ آلودہ پانی انسانوں کے پینے اور استعمال کے قابل نہیں رہتا۔ اس طرح کے آلودہ پانی میں نقصان دہ مادے ہوتے ہیں۔ آلودہ پانی جانوروں کے لئے بھی نقصان دہ ہوتا ہے۔ گندے پانی میں شامل بیکٹیریا پانی کے آکسیجن کو جذب کرلیتے ہیں۔ اور یہ پانی جانورں کے پینے کے لائق بھی نہیں رہتا۔ نالیوں کا پانی کبھی کبھی صاف پانی کے پائپوں میں مل جاتا ہے۔ اس سے صحت انسانی کو خطرہ لاحق ہوجاتا ہے۔ اور آنتوں کی سوزش جیسی بیماریاں عام ہوجاتی ہیں۔ صنعتوں

سے نکلنے والا فضلہ جب صاف پانی کے ذخائر میں ملنا شروع ہو جاتا ہے۔ تو اس سے نہ صرف پانی آلودہ ہو جاتا ہے۔ بلکہ تالابوں میں موجود مچھلیاں تک مر جاتی ہیں۔ جس کی وجہ سے پانی بد بو دار ہو جاتا ہے۔ اور اس بد بو سے قریب رہنے والے انسانوں کو سانس لینے میں دشواری ہوتی ہے۔ آلودہ پانی زمین میں جذب ہو کر زیر زمین پانی کو بھی نا قابل استعمال بنا دیتا ہے۔ تلنگانہ کے ضلع میدک میں پٹن چیرو اور موضع دگوال نزد ظہیر آباد میں کارخانوں سے نکلنے والا گندہ اور آلودہ پانی زیر زمین پانی کو نا قابل استعمال بنا چکا ہے۔ اب یہ پانی کئی سال کے لئے بے کار ہو چکا ہے۔ آلودہ پانی کو صنعتی استعمال میں نہیں لیا جا سکتا۔ اس پانی میں شامل ترشے اور نمک مشینوں کو خراب اور زنگ آلود کر دیتے ہیں۔ کھیتوں میں استعمال ہونے والی کھاد اور جراثیم کش ادویات بارش کے پانی میں مل کر تالابوں کو آلودہ کرتے ہیں۔ اس طرح آبی آلودگی کو بڑھانے میں کھاد اور جراثیم کش ادویات کا بھی حصہ ہے۔ سمندروں میں تیل لیجانے والے جہاز اگر ڈوب جائیں یا ساحل سمندر کے قریب تیل کے کنوؤں میں آگ لگ جائے یا انہیں دھماکے سے اُڑایا جائے تو اس میں موجود تیل پانی کی سطح پر پھیل جاتا ہے۔ اور اس طرح ایک بڑے علاقے کا پانی آلودہ ہو جاتا ہے۔ اور سمندری جانداروں کو نقصان پہونچتا ہے۔ علاقے کا ماحول گندہ ہو جاتا ہے۔ کویت عراق جنگ کے دوران تیل کے کنوؤں پر بمباری اور آگ لگانے سے بہت سے تیل سمندر کی سطح پر پھیل گیا تھا۔ جس سے سمندری جانوروں اور ماحول کو کافی نقصان پہونچا تھا۔

آبی آلودگی کو روکنے کے اقدامات: پانی کو آلودہ ہونے سے روکنے کے لئے حسب ذیل اقدامات کئے جانے چاہئیں۔ گندے پانی کے اخراج کو مناسب طریقے سے انجام دیا جائے۔ کوشش کی جائے کہ گندہ پانی صاف پانی کے ذخائر میں ملنے نہ پائے۔ پانی کے غلط استعمال کو روکا جائے۔ یعنی تالابوں میں کپڑے دھونے' جانوروں کو نہلانے اور گاڑیوں کو دھونے سے روکا جائے۔ کارخانوں سے نکلنے والے گندے پانی کو صاف کئے بغیر تالابوں اور دریاؤں

میں جانے سے سختی سے روکا جائے۔تیل کے اخراج کو روکا جائے۔گندے اور آلودہ پانی کو تالابوں اور دریاؤں میں جانے سے روکنے کے لئے اور ان میں موجود ٹھوس ذرات کو علٰحیدہ کرنے کے لئے سپٹک ٹینک‘ فلٹر بیڈس اور گندے پانی کو صاف کرنے کے پلانٹس وغیرہ استعمال کئے جائیں۔ پینے کے پانی کو فلٹر کر کے اور مناسب ادویات جیسے کلورین اور پوٹاشیم پر مینگنیٹ ملا کر استعمال کیا جائے۔کارخانوں سے نکلنے والے پانی کو water treatment plants سے صاف کیا جائے۔سمندروں میں تیل کے اخراج کی صورت میں تیل کی صفائی کے طریقے بھی ایجاد ہوئے ہیں۔ان سے استفادہ کیا جائے۔

ہندوستان میں صنعتی علاقوں سے گذرنے والی کئی دریائیں آبی آلودگی کا شکار ہیں۔ دہلی سے گذرنے والی جمنا ندی‘ کلکتہ سے گذرنے والی ہگلی ندی‘ کانپور کے قریب سے گذرنے والی گنگا ندی اور دامودر‘ کاویری اور گوداوری ندیاں بھی کارخانوں سے خارج ہونے والے فضلہ کے پانی میں مل جانے سے آلودگی کا شکار ہیں۔ان سب میں دریائے گنگا ہندوستان کی سب سے زیادہ آلودگی کا شکار دریا ہے۔اپنے 2525 کلومیٹر سفر کے دوران اس میں اتر پردیش‘ بہار اور مغربی بنگال کی صنعتوں کا فضلہ‘ گندی نالیوں کا پانی مُردوں کے جلانے کے بعد کی راکھ ادھ جلی نعشیں‘ مردہ جانور اور ہندو یاترویوں کے اشنان سے کافی گندگی شامل ہو رہی ہے۔اور مقدس گنگا انسان کے کالے کرتوتوں سے آلودہ ہو رہی ہے۔گنگا کو آلودگی سے بچانے کے لئے حکومت ہند نے گنگا ایکشن پلان 1985 شروع کیا۔اس طرح انسانی صحت کی برقراری اور ماحول کو پاک و صاف رکھنے کے لئے ہر انسان کو کوشش کرنی چاہئے۔اور انسان ایسا کوئی غلط کام نہ کرے جس سے پانی کو آلودگی بڑھے۔حکومت بھی کارخانوں اور صنعتوں کو آلودگی پر قابو پانے کے لئے پابند کرے۔تب ہی آنے والی نسلوں کو آلودگی سے پاک صاف پانی مل سکے گا۔

ب) روزمرہ زندگی میں پلاسٹک کا استعمال ۔ پلاسٹک ایک ایسا مادہ ہے جسے گرم کرتے

ہوئے ملائم کیا جاسکتا ہے۔ اور اُسے بار بار ڈھالا جاسکتا ہے۔ ایک امریکی جان ونزلی ہیاٹ نے 1869ء میں پلاسٹک کو دریافت کیا۔ پلاسٹک کے عناصر ترکیبی کے بارے میں تحقیقات جاری ہیں۔ پلاسٹک نامیاتی مرکبات کے خاندان سے تعلق رکھتا ہے۔ پلاسٹک کی تیاری کا بنیادی مادہ عام ذرائع جیسے کوئلہ' پٹرول' روئی' نمکین پانی' ہوا' چونا اور سلفر سے حاصل ہوتا ہے۔ان ذرائع سے حاصل ہونے والا خام پلاسٹک Resin کہلاتا ہے۔Resin کو دیگر مادوں سے ملاکر پلاسٹک تیار کیا جاتا ہے۔اور پلاسٹک کی مطلوبہ اشیاء بنائی جاتی ہیں۔ پلاسٹک کی ایک قسم کا پالیمر ہے۔اسے پلاسٹک کے چھوٹے ذرات سادہ پانی اور الکوہل سے حاصل کیا جاتا ہے۔ پٹرول یا قدرتی گیس' آکسیجن اور کاربن کے مرکبات کو اونچے درجہ حرارت پر گرم کیا جائے تو ایتھلین تیار ہوتا ہے۔جس سے پالیمر حاصل کیا جاتا ہے۔ ہائیڈروجن کے بجائے کلورین' آکسیجن یا نائٹروجن کے استعمال سے مختلف استعمالات کیلئے مختلف قسم کا پالیمر تیار ہوتا ہے۔ پلاسٹک کی ایک قسم پالیتھین ہے اسے تھیلیاں بنانے سوٹ کیس بنانے تانبے کے تاروں کو ڈھانپنے' بوتلیں بنانے کیلئے استعمال کیا جاتا ہے۔ 1933ء میں ای ڈبلیو فاسیٹ اور آر۔او۔ گبن پہلی مرتبہ پالیتھین کا استعمال دریافت کیا۔ دوسری جنگ عظیم کے بعد دنیا میں پالیتھین کا استعمال بڑھتا گیا۔ پلاسٹک کی ایک اور قسم (PVC) ہے جسے (Polyvingl Chloride) کہتے ہیں۔ یہ پانی' تیزاب اور نمکیات سے خراب نہیں ہوتا۔ اس لئے (PVC) سے پانی کی ٹانکیاں' بارش سے بچنے والے سامان' کھلونے' چپل' پانی کے پائپ اور گاڑیوں کے پرزے بنائے جاتے ہیں۔ پلاسٹک کی ایک قسم نائلان ہے۔ اسے 1938ء میں کاروتھرس نے دریافت کیا یہ لچکدار مضبوط ہوتا ہے' اور نائلان کے دھاگوں پر مبنی اشیاء اور کپڑے بنانے میں استعمال ہوتا ہے۔ پلاسٹک کی دیگر قسمیں ٹرلین اور نرم ربڑ وغیرہ ہیں۔

☆ **پلاسٹک کے استعمالات ۔ فائدے اور نقصانات :-**

پلاسٹک سے بنی اشیاء کے بغیر ہماری روز مرہ زندگی کی ضروریات پوری نہیں ہوتیں ۔ ہماری روزمرہ استعمال کی اشیاء جیسے کرسیاں' بال پن' برقی اشیاء' ٹوتھ برش' کنگے' چوڑیاں' بیلٹ' جوتے' موزے' پردے واشنگ مشین' کولر' گھڑیاں' ٹیلی ویژن' ٹیلی فون' ریڈیو' ٹیپ ریکارڈر' فرتجکے ،ڈبے' پانی کی بوتلیں استعمال کے ڈبے' گاڑیوں کے پرزے کھلونے وغیرہ یہ سب ہی پلاسٹک سے بنی ہوتی ہیں ۔ اسطرح ہم کہہ سکتے ہیں کہ انسانی تہذیب اب پلاسٹک کی تہذیب میں بدل گئی ہے ۔ پلاسٹک اپنی حالت میں قائم رہنے والا مرکب ہے ۔ لیکن گرمی کے سبب اس سے زہریلی گیسیں خارج ہوتی ہیں ۔ پلاسٹک کو جلانے سے ان سے جو زہریلی گیس خارج ہوتی ہیں وہ فضاء میں شامل ہوجاتی ہیں ۔ اور بارش کے ذریعہ کھیتوں میں اناج کے پودوں کو نقصان پہونچاتی ہیں ۔ اسطرح کا متاثرہ اناج استعمال کرنے سے جگر' گردے'' اور جسم کے دیگر اعضاء متاثر ہوتے ہیں ۔ کینسر کا بھی خطرہ رہتا ہے ۔ پلاسٹک سے بنی تھیلیاں سڑکوں' بازاروں' باغوں' کچرے کی کنڈیاں' نالیوں وغیرہ ہر طرف پھیلی ہوئی ہوتی ہیں ۔ بعض جانور جیسے گائے بکری وغیرہ انہیں کھا رہے ہیں ۔ ایک گائے کا آپریشن کر کے اسکے معدے سے کئی کلوگرام پلاسٹک نکالا گیا تھا ۔ پلاسٹک کی تھیلیاں نالیوں میں رکاوٹ پیدا کرتی ہیں جس سے بارش میں پانی کے بہاؤ میں رکاوٹ پیدا ہوتی ہے ۔ پلاسٹک سے بنی تھیلیوں میں غذائی اشیاء نہیں لانا چاہئے ۔ کیونکہ ان میں ملا ہوا اکیڈمیم غذا میں شامل ہوجاتا ہے اور صحت کو نقصان پہونچاتا ہے ۔ ماحول اور انسانی صحت پر پلاسٹک کے مضر اثرات دیکھتے ہوئے اس بات کی تحقیق کی جارہی ہے کہ انسانوں اور ماحول کیلیئے مناسب پلاسٹک دریافت کیا جائے ۔ Symphony نامی کمپنی نے پلاسٹک کی ایک قسم تیار کی ہے ۔ جو 60 دن تا 6 سال میں محفوظ طریقہ سے ختم

ہو جاتا ہے۔ انسانی صحت پر پلاسٹک کے مضر اثرات کو دیکھتے ہوئے لوگوں کو چاہیئے کہ وہ کم سے کم پلاسٹک استعمال کریں۔ بعض ممالک نے پلاسٹک کی تھیلیوں کے استعمال کی طرف راغب کیا جارہا ہے۔ آنے والی نسل کو صحت منداور صاف ماحول فراہم کرنے کیلئے ضروری ہے کہ پلاسٹک کے بارے میں معلومات کو عام کیا جائے اوراس کے کثرت سے استعمال کو ترک کیا جائے۔

ج) جراثیم کش ادویہ اوران کا متبادل: جراثیم کش ادویہ کھیتوں میں فصلوں کونقصان پہونچانے والے کیڑوں اور دیگر پودوں کوختم کرنے کے لئے استعمال کئے جاتے ہیں۔ انسان ترکاری' پھل وغیرہ دھوکراور پکا کر کھاتا ہے۔ لیکن جانوراور پرندے اکثر جراثیم کش ادویہ میں ڈوبے پتے اور بیج کھالیتے ہیں اور مرجاتے ہیں۔ یہ نئے زمانے کا بڑا ماحولیاتی مسئلہ ہے جس پر قابو پانا ضروری ہے۔ تحقیقی مطالعے سے پتہ چلتا ہے کہ وہ کسان جو اپنی فصلوں پر اس قسم کی دواؤں کا چھڑکاؤ کرتے ہیں وہ خود بھی صحت کے مسائل سے دوچار ہیں۔ اور انہیں سانس کی بیماریاں سر کا درد' چکر آنا اوراعصاء کی کمزوری کے مسائل پیدا ہوئے ہیں۔

جراثیم کش ادویہ کا متبادل: جراثیم کش ادویہ کا متبادل بھی لیکن ان کا استعمال آسان نہیں ہے اور نہ عام ہے۔ جیسے حیاتیاتی پودے اگانا جو جراثیم کو قابو میں رکھتے ہوں۔ جنیاتی انجینئرنگ کا استعمال' فصلوں کو بدلتے رہنا یعنی ہمیشہ ایک قسم کی فصل نہ اگانا' ایسے علاقوں میں کاشت کرنا جہاں جراثیم نہ ہوتے ہوں۔ ایسے وقت کاشت کرنا جب کیڑے کم ہوتے ہوں۔ گرم پانی کا چھڑکاؤ جو کہ جراثیم کش ادویہ کی قیمت پر ممکن ہے۔ جراثیم کو قابو میں رکھنے والے حیاتیاتی مادے چھوڑنا۔ ان اقدامات سے جراثیم کش ادویہ کے استعمال میں کمی لائی جاسکتی ہے۔

د) ماحولیاتی کلب۔Echo Club: ماحولیاتی کلب مستقبل کی نسلوں میں ماحولیاتی شعور

بیدار کرنے میں اہم رول ادا کرتے ہیں۔ ماحولیاتی کلب ملک بھر کے سرکاری، خانگی، امدادی، عوام اسکولوں اور کالجوں میں متعارف کرائے گئے ہیں

ماحولیاتی کلبوں کے لئے مجوزہ سرگرمیاں: تعلیمی اداروں میں ماحولیاتی مسائل سے متعلق سمینار، مباحث اور لیکچرس کا انعقاد۔ پلاسٹک کی تھیلیوں کے استعمال، لاؤڈ اسپیکر اور پٹاخوں کے استعمال کے خلاف مہم، لوگوں میں کانچ اور دھاتوں کو دوبارہ ڈھالنے اور خالی جگہوں پر پانی کے تالاب بنانے کا شعور پیدا کرنا۔ ماحولیات سے متعلق اہم مقامات کا تعلیمی دورہ جس میں آلودہ مقامات اور گندی بستیاں بھی شامل ہوں، جنگلی جانوروں کے پارکس کا دورہ کرنا۔ لوگوں میں ماحول سے متعلق شعور بیدار کرنے کے لئے ریلی نکالنا، انسانی زنجیر قائم کرنا، اور نکڑ تھیٹر کا اہتمام کرنا۔ کالج کے اندر اور باہر پودے اگانے اور صفائی کی مہم میں حصہ لینا۔ کالجوں میں چھوٹے باغ لگانا، پانی جمع کرنے کے گڑھے بنانا اور کاغذ کے دوبارہ استعمال کی عادت ڈالنا۔ کالج کے باہر اور اندر پارک اور باغات کی دیکھ بھال کرنا۔ غلط مقامات پر کچرا ڈالنے اور دواخانوں کا کچرا ڈالنے والوں کے خلاف کاروائی کرانا۔ سڑکوں کے درمیان پودے لگانا اور انہیں خوبصورت بنانا اور ان پر ماحولیات سے متعلق بورڈ لگانا۔ ماحولیات سے متعلق دیگر اختراعی پروگرام منعقد کرنا تاکہ ہم جس ماحول میں رہ رہے ہیں وہ پاک وصاف ہو تاکہ آنے والی نسلیں صاف ہوا میں صحت مند زندگی گذار سکیں۔

یونٹ 6

مذہبی اور ثقافتی قدریں

Religious and Cultural Values

مذہب سے مراد مخصوص طریقہ زندگی اور طریقہ عبادت ہے۔ اس میں عقیدے کو بڑا دخل ہوتا ہے۔ انسان بڑی قدرت والی کسی طاقت کے متعلق عقیدہ رکھتا ہے اور اس کی عبادت کرتا ہے۔ دنیا کے بڑے مذاہب میں عیسائیت' اسلام' ہندومت' بدھ مت اور سکھ مت وغیرہ ہیں۔ مذہب اچھے خیالات پیش کرتا ہے۔ اور لوگوں میں بھی اچھے طرز زندگی کی دعوت دیتا ہے۔

مذہب اسلام: اسلام کے لغوی معنی حوالے ہو جانا۔ اور اصطلاحی معنی میں اللہ کی مرضی کے مطابق ہو جانا۔ اور اسی کی عبادت اور اطاعت کرنا۔ بڑی قدرت والے اللہ کی اطاعت اور اس کے بتائے ہوئے طریقہ زندگی پر چلتے ہوئے انسان دنیا اور آخرت کی کامیابی حاصل کرسکتا ہے اور جنت میں جاسکتا ہے۔ اسلام عقیدہ توحید ورسالت کی دعوت دیتا ہے کہ اس کائنات اور انسان کا پیدا کرنے والا ایک اللہ ہے جو وحدہ لاشریک ہے عبادت کے لائق وہی ہے اور حضرت محمد مصطفیٰ ﷺ اس کے بندے اور رسول ہیں۔ اسلامی تعلیمات کو بنیادی طور پر دو حصوں میں تقسیم کیا گیا ہے۔ ایک عقائد دوسرے اعمال۔ اسلام کے نظریات اس کے عقائد سے ظاہر ہوتے ہیں۔ ایک سچا مسلمان اسلام کے ان عقائد پر ایمان لاتا ہے۔

ا) اسلام میں بندے ایک اللہ پر ایمان لاتے ہیں۔ اللہ ایک ہے۔ بڑی قدرت والا ہے۔ نہ وہ کسی سے پیدا ہوا نہ اس کی کوئی اولاد ہے۔ وہ ہمیشہ سے ہے اور ہمیشہ رہے گا۔ وہ رحمٰن ورحیم ہے۔ خالق و مالک ہے۔ دونوں جہاں کا رب ہے۔ اس عقیدے کے تحت بندہ اللہ کے طابع

ہوجاتا ہے کہ وہی اس کا پیدا کرنے والا اور پالنے والا ہے۔اس عقیدے سے انسان اللہ کا ہوکر رہ جاتا ہے اور اسے دنیا کی کسی طاقت کا ڈر نہیں رہتا اور وہ اپنے مالک حقیقی کو راضی کرتے ہوئے دونوں جہاں کی کامیابی حاصل کرلیتا ہے۔

۲) ایک مسلمان اللہ کے پیغمبر حضرت محمد مصطفیٰ ﷺ کی ذات اقدس پر ایمان لاتا ہے کہ اللہ کے بعد ساری دنیا میں آپ ﷺ ہی محبوب ہیں۔آپ ﷺ کا لایا ہوا دین مبین حق ہے۔اور اس پر چلتے ہوئے ہی انسان دونوں جہاں میں کامیاب ہوسکتا ہے۔مسلمان کا دین اسی وقت مکمل ہوگا جب ایک اللہ اور نبی آخر الزماں ﷺ پر ایمان لائے۔اور اللہ اور اس کے رسول ﷺ کے بتائے ہوئے طریقے کے مطابق ہی عمل کرے۔

۳) مسلمانوں کا عقیدہ کتاب اللہ پر ہے۔کہ اللہ کی جانب سے ہر زمانے میں پیغمروں پر آسمانی کتابیں نازل ہوئیں۔توراۃ۔زبور۔انجیل کے بعد اب قرآن شریف اللہ کی کتاب ہے۔اور قرآن شریف کا قانون ہی رہتی دنیا تک چلے گا۔اور یہ کہ حضرت محمد مصطفیٰ ﷺ آخری پیغمبر ہیں۔آپ ﷺ کے بعد قیامت تک کوئی پیغمبر نہیں آئے گا اگر کوئی پیغمبری کا دعویٰ کرتا ہے تو وہ جھوٹا ہے اور دین اسلام سے خارج ہے۔

۴) مسلمان اللہ کے فرشتوں پر بھی ایمان لاتے ہیں کہ اللہ نے دنیا کے انتظام کے لئے فرشتے مقرر کئے ہیں۔فرشتے اللہ کی مخلوق ہیں۔اور وہ رات دن اللہ کے احکام کی اطاعت کرتے ہیں۔ حضرت جبرئیل علیہ السلام، حضرت میکائیل، حضرت اصرافیل علیہ السلام اور حضرت عزرائیل علیہ السلام اللہ کے بڑے فرشتے ہیں۔

۵) ایک سچا مسلمان روز قیامت پر ایمان رکھتا ہے کہ اللہ نے یہ دنیا بنائی۔اسی کے حکم سے دنیا چل رہی ہے اور یہ دنیا ایک دن ختم ہوجائے گی۔اور پھر روز قیامت ہوگا جس میں تمام مردے زندہ ہوں گے حشر کے میدان میں جمع ہونگے اور حساب کتاب کے بعد جنت اور دوزخ میں ڈالے جائیں گے۔

۶)مسلمان کا ایمان ہے کہ اللہ بڑے علیم ہیں۔رحمٰن ورحیم ہیں۔رب العالمین ہیں اپنے خزانوں سے ساری دنیا کے جانداروں کو رزق پہونچاتے ہیں۔اچھا برا سب ان کی مرضی سے ہوتا ہے۔ اللہ جو کچھ کرتے ہیں اچھا کرتے ہیں۔اللہ کی قدرت سے کوئی دور نہیں وہ ہر چیز پر نظر رکھتے ہیں۔

۷)اللہ اوراس کے رسول ﷺ پر جو یقین رکھتا ہے۔اور کلمہ لا الہ الا اللہ محمد الرسول اللہ ﷺ پڑھتا ہے اوراس کے تقاضوں پر عمل کرتا ہے اسے ایمان والا کہتے ہیں اور جو انسان اللہ اوراس کے رسول ﷺ کو نہیں مانتا اسے بے دین اور کافر کہتے ہیں۔

اسلام کا دوسرا حصہ اعمال پر منحصر ہے۔جب کوئی بندہ اللہ اوراس کے رسول ﷺ پر ایمان لے آتا ہے تو اسے اسلامی طریقہ زندگی گذارنا لازمی ہے۔جس میں عبادات‘ معاملات‘ معاشرت اور حقوق کی ادائیگی شامل ہے۔اسلام کے بنیادی فرائض اور دیگر اموراس طرح ہیں۔

۱)ایمان والے مسلمان کے لئے ضروری ہے کہ وہ دن میں پانچ مرتبہ فرض نمازوں کی ادائیگی کے ذریعے اللہ سے اپنی بندگی اور اطاعت کا اقرار کرے۔۲)ماہ رمضان کے فرض روزے رکھے۔

۳)اگر زندگی میں دولت نصیب ہو اور صاحب نصاب ہو تو سال گذرنے کے بعد اپنے مال سے ڈھائی فیصد زکوۃ نکالے اور ضرورت مندوں کو دے۔۴)اگر اس کے پاس ضروریات زندگی کو چھوڑ کر اس قدر مال ہے کہ وہ سفر حج کر سکے تو زندگی میں ایک مرتبہ فرض حج کرے اور مکہ مکرمہ اور مدینہ منورہ کی زیارت کرے۔اس کے علاوہ قران وحدیث سے جو اعمال فرائض‘ واجبات‘ سنتیں‘ نوافل‘ مباح ہوں انہیں ادا کرے۔ بری باتوں سے بچے اور اچھی باتوں پر خود بھی عمل کرے اور دوسروں کو بھی عمل کی دعوت دے۔

اسلامی تعلیمات کے ذرائع: اسلامی تعلیمات کے دو ذرائع ہیں۔ایک کتاب اللہ قرآن شریف جو آخری پیغمبر حضرت محمد مصطفیٰ ﷺ پر 23 سال کے عرصے میں آہستہ آہستہ نازل ہوا جس میں احکامات الٰہی ہیں۔دوسرے رسول اللہ ﷺ کی سنتیں۔ جو احادیث سے ثابت ہیں۔قرآنی

احکامات کی عملی تصویر رسول اللہ ﷺ کی سنتیں ہیں۔قرآن اور حدیث کو ہر زمانے میں وقت کے اہل حق علما سے سمجھنا چاہیے اور عمل کرنا چاہیے۔

اسلام کا اخلاقی اور اقداری نظام: اسلام نے عالمی سطح پر انسانیت کے حقوق دئے ہیں۔جنہیں ہر حال میں اپنانا اور اختیار کرنا ہے۔ان حقوق کے تحفظ کے لئے اسلام نے قوانین پیش کئے ہیں اور لوگوں کی اخلاقی تربیت بھی کی ہے کہ وہ انسانی حقوق کی علمبرداری کریں۔اسلام نے سادگی دی ہے اور لوگوں میں مساوات کا سبق دیا ہے۔اللہ سے محبت کرنے کا سبق دیا ہے اور کہا کہ انسانیت کی مدد اللہ کی مدد ہے۔اسلامی مساوات میں کہا گیا ہے کہ ہمارا عقیدہ سچا اور سنجیدہ ہونا چاہئے۔ہم اپنے ساتھی انسانوں کے ساتھ ہمدردی' اخوت اور بھائی چارے کا مظاہرہ کریں۔ہم ملک کے اچھے شہری بنیں اور ساتھی تنظیموں کا تعاون کریں۔ہماری انفرادی روح اور شخصیت بھی ہر حال میں مستحکم رہے۔خوف الٰہی اور قیامت کے دن جواب دہی کے ڈر سے اسلام لوگوں میں تقویٰ کی صفت پیدا کرتا ہے جس سے عالمی بھائی چارہ پیدا ہوتا ہے۔

سماجی ذمہ داریاں: اسلام نے معاملات پر کافی زور دیا ہے کہ انسان اللہ کے حقوق میں کمی بیشی کرے تو اللہ معاف کرے گا لیکن بندوں کے حقوق میں کمی بیشی کی کوئی اجازت نہیں۔لوگوں کے ساتھ ہمدردی اور رحم کرنے کا سبق اسلام نے پڑھایا۔حقوق میں والدین کے حقوق' رشتہ داروں کے حقوق' شوہر بیوی کے حقوق' والدین بچوں کے حقوق' بیوہ کا حق' یتیم کا حق' معذور کا حق' پڑوسیوں کے حقوق انسانوں کے علاوہ جانوروں کے حقوق بھی اسلام نے واضح کردئے اور کہا کہ کسی سے بھی حق تلفی پر قیامت میں پائی پائی کا حساب لیا جائے گا۔اسلام میں معاملات پر زور دینے کے سبب آپسی بھائی چارے اور ایک دوسرے کی مدد کے جذبے لوگوں میں زیادہ پائے جاتے ہیں۔

مساوات کا نظریہ: اسلام میں گورے کالے امیر غریب کا فرق نہیں ہے۔ذات پات کی بنیاد پر لوگوں میں تفریق نہیں ہے۔اللہ کے نزدیک بہتر وہی ہے جو اللہ کی اور اس کے رسول ﷺ کی مانتا ہو۔اسلامی

مساوات کے سبق سے دنیا کے دیگر مذاہب کے لوگ اس مذہب کی جانب راغب ہو رہے ہیں۔

عالمی بھائی چارے کا نظریہ: اسلام کا ایک اور بنیادی نظریہ عالمی بھائی چارے کا نظریہ ہے۔ اسلام ایک آفاقی مذہب ہے۔ وہ ایک علاقے اور ایک نسل کے لئے نہیں بلکہ ساری دنیا کے لئے ہے۔ اسلام نے توحید و رسالت کے نظریے کے ساتھ سارے عالم کے لوگوں کو ایک ہونے کی تعلیم دی ہے۔ اسلام نے سماجی رتبے' حکومت' دولت' منصب اور ذات پات رنگ و نسل کی بنیاد پر لوگوں میں تفریق نہیں کی بلکہ سب کو ایک آدم کی اولاد قرار دیا ہے۔ اس کے آگے بادشاہ عوام امیر غریب سب مساوی ہیں۔ عالمی بھائی چارے کی اچھی مثال حج کے موقع پر نظر آتی ہے جہاں ساری دنیا کے مسلمان ایک رب کے آگے سر بسجود ہوتے ہیں۔ اس طرح اسلام ایک فطری اور آفاقی مذہب ہے اور اپنے ماننے والوں کو چین و سکون کی تعلیم دیتا ہے۔

گوتم بدھ، بدھ مت کے بانی تھے۔ وہ نیپال میں کپل وستو کے راجہ شدودھن کے بیٹے تھے۔ ان کی ماں کا نام لمبینی تھا۔ گوتم بدھ 566 ق۔م کے قریب پیدا ہوئے۔ گوتم بدھ کی پیدائش کے ساتھ ہی ان کی ماں کا انتقال ہو گیا۔ ان کی خالہ اور سوتیلی ماں نے ان کی پرورش کی۔ بچپن ہی سے گوتم سوچ بچار میں رہا کرتے تھے۔ انہیں شاہی زندگی کی رونق پسند نہیں تھی۔ ان کے والد نے یہ محسوس کیا اور 16 سال کی عمر میں گوتم کی شادی ایک خوبصورت راج کماری شدودھرا سے کرادی۔ اور دنیا کے عیش و آرام فراہم کئے۔ اس کے باوجود گوتم دل سے خوش نہیں تھے۔ وہ بوڑھے لوگوں، بیماروں، مردوں، فقیروں کو دیکھ کر جذباتی ہو جاتے تھے۔ انہیں دیکھ کر انہیں دنیا کی بے ثباتی کا اندازہ ہوا۔ وہ لوگوں کے مسائل دیکھ کر متفکر ہو جاتے تھے۔ چنانچہ 23 سال کی عمر میں اپنے بچے راہول کی پیدائش کے بعد گوتم اپنی بیوی یشودھرا اور نوزائیدہ بچے راہول کو چھوڑ کر ایک رات گھر سے سچائی اور نجات کے راستے کی تلاش میں نکل پڑے۔ یہ ایک بڑی قربانی تھی۔ 6 سال تک وہ بے گھر کئی مقامات کو پھرتے رہے۔ کئی مذہبی رہنماؤں سے ملے۔ لیکن انہیں سکون نصیب نہیں

ہوا۔آخر کار بودھ گیا بہار میں از ویلا کے جنگل میں ایک پیپل کے درخت کے نیچے بیٹھ گئے۔اور اپنے جسم کو سخت سے سخت تکالیف پہونچا کر مشقتیں کرنے لگے۔مسلسل ریاضت سے وہ ہڈیوں کا ڈھانچہ بن گئے۔تزکیۂ نفس اور گیان دھیان میں کافی عرصہ گذارا۔تب ایک رات انہیں تجلی نظر آئی اور وہ بدھ یعنی مکمل طور پر عارف ہوگئے۔اس وقت ان کی عمر 35 سال تھی۔دنیا کی تکلیفوں سے نجات پانے کا راستہ انہیں معلوم ہوگیا۔وارانا سی کے قریب سارناتھ گئے اور اپنا پہلا خطبہ دیا اور اس کے بعد تقریباً 45 سال تک مختلف علاقوں کو گھومتے پھرتے انہوں نے بدھ مذہب کی تبلیغ کی۔کوسالا کا راجا پر سنجیت ، راجا بندوسارا اور مگدھ کا راجا ان کے چیلے بن گئے۔ہزاروں انسانوں کو اپنی تعلیمات سے متاثر کرنے کے بعد گوتم بدھ کا 80 سال کی عمر موجودہ کاشی کے پاس انتقال 483 ق۔م کو ہوا۔

گوتم بدھ کی تعلیمات: گوتم بدھ نے اپنے ماننے والوں کو چار اہم تعلیمات دیں۔1) زندگی میں مشکلات ہیں۔2) مشکلات کی وجہہ ہوتی ہے 3) مشکلات کو دور کیا جا سکتا ہے 4) مشکلات کی وجہہ دنیاوخواہشات ہیں۔اس طرح خواہشات سے بچنا ضروری ہے۔انہوں نے خواہشات پر قابو پانے کے لئے اشٹھ مارگ کے عنوان سے آٹھ باتیں بتائیں۔1) صحیح عقیدہ 2) صحیح خیال 3) صحیح بات 4) صحیح کام 5) صحیح زندگی 6) صحیح کوشش 7) صحیح ذہن 8) صحیح فکر۔گوتم بدھ نے اچھے اخلاق ، سچائی ، محبت ، اطاعت بڑوں کا کہنا ماننا ، شراب ترک کرنا ، رحم کرنا ، گناہوں سے نفرت کرنا جیسے اصولوں کا پرچار کا۔ہندوستان میں بدھ مت کے اثرات کم ہیں۔نیپال اور سری لنگا میں بدھ مت کے اثرات زیادہ ہیں۔

سوال 3: عیسائیت یا سکھ مذہب کی تعلیمات کیا ہیں لکھو؟

سوال 4: ہندو مذہب کی تعلیمات کیا ہیں لکھو؟

سوال 5: مذاہب کے احترام کی اہمیت کیا ہے۔آپ کی پسند کے کسی ایک مذہب کے نظریات بیان کیجئے؟

جواب: مذاہب کا احترام موجودہ زمانے میں بے حد اہمیت اختیار کر گیا ہے۔ جب کہ دنیا بھر میں مذاہب کی سچائی اور برتری کو لے کر انسانیت کے مذہب کا خون کیا جا رہا ہے۔ بے قصور لوگوں کا خون بہایا جا رہا ہے اور دنیا کے سامنے اپنے مذہب کی تعلیمات کا مذاق اڑایا جا رہا ہے۔ دنیا کی تاریخ گواہ ہے کہ دنیا کے دو بڑے مذاہب عیسائیت اور اسلام کی برتری کی خاطر کئی جنگیں ہوئیں۔ صلیبی جنگوں کی تاریخ ہمارے سامنے ہے۔ اب یہودیت اور اسلام کے درمیان عرب علاقوں میں جنگیں ہو رہی ہیں۔ اور انٹرنیٹ اور میڈیا کے ذریعے جنگوں کی افسوسناک تصاویر دنیا بھر میں پیش کی جا رہی ہیں۔ دنیا کے مذاہب میں ایک دوسرے کا احترام لازمی ہے۔ جب انسانوں کے پیدا کرنے والے خدا نے اس کی فرماں برداری اور نافرمانی کے باوجود سب کو ہوا پانی روٹی کپڑا اور مکان دینے کا انتظام کیا ہے تو مذاہب کے لوگوں کو دوسروں کے ساتھ غلط برتاؤ پیش کرنے کا کوئی حق نہیں۔ جہاں تک مذہب اسلام کا معاملہ ہے اس نے انسانیت کے اعلیٰ حقوق اور مثالیں پیش کی ہیں۔ خود بھوکے رہ کر دوسرے کو کھانا کھلانا خود تکلیف میں رہ کر دوسروں کو راحت دینے کی تعلیم مذہب اسلام نے دی ہے۔ اسلام نے حضور اکرم ﷺ کے دور میں فتح مکہ کے موقع پر غلاموں اور جنگی قیدیوں کے ساتھ بہتر سلوک کی تعلیم دی ہے۔ اسی لئے کہا گیا کہ اسلام تلوار کے زور پر نہیں پھیلا بلکہ اچھے اخلاق سے پھیلا۔ اسلام نے یتیموں، بیواؤں، غلاموں اور کمزوروں کے حقوق واضح کئے ہیں۔ اور دیگر مذاہب کا احترام بھی سکھایا ہے۔ اس لئے ضرورت اس بات کی ہے کہ دنیا بھر میں مذاہب کے احترام کی بات چلائی جائے۔ نوجوان جس مذہب سے تعلق رکھتے ہوں وہ اپنے دیگر مذاہب کے ساتھیوں کے ساتھ اچھا برتاؤ کریں۔ مذہبی علامات کا مذاق نہ اڑایا جائے اور احترام کیا جائے۔ اگر ہمارے نوجوانوں میں مذاہب کا احترام آجائے گا تو ہندوستان جیسے کثر مذاہبی ملک میں لوگوں میں آپسی بھائی چارہ پھیلے گا۔ اقبال نے کہا تھا۔

مذہب نہیں سکھاتا آپس میں بیر رکھنا   ہندی ہیں ہم وطن ہیں ہندوستان ہمارا

یونٹ 7

پیشہ وارانہ اقدار

Professional Ethics

پیشہ تدریس میں اخلاقیات: تدریس ایک معزز پیشہ ہے۔ اساتذہ کے ہاتھ میں نوجوانوں کی تربیت کی بھاری ذمہ داری ہوتی ہے۔ بچے اساتذہ کو اپنے رول ماڈل کے طور پر دیکھتے ہیں۔ اگر استاد غلطی کریں تو ان کے شاگرد بھی وہی غلطیاں کریں گے اور قوم کا مستقبل تاریک ہو جائے گا۔ اسی لئے اساتذہ کو پیشہ تدریس سے وابستگی کے دوران اعلیٰ اخلاق کا نمونہ پیش کرنا چاہیئے اور بچوں کے لئے وہ ایک مثالی استاد بننا چاہیئے۔ ملک کے سابق صدر اور دانشور اے پی جے عبدالکلام کا کہنا ہے کہ ''اگر ملک کو رشوت سے پاک کرنا ہے اور خوبصورت ذہنوں والا ملک بنانا ہے تو میں شدت سے محسوس کرتا ہوں کہ یہ کام تین سماجی گروہ کر سکتے ہیں۔ لڑکے کے والد والدہ اور استاد''۔ سماج کی تعمیر میں اساتذہ اہم رول ادا کرتے ہیں۔ یہ نونہالوں اور نوجوانوں کو تعلیم و تربیت دیتے ہیں جس کی بنا بچے اپنے پیروں پر کھڑے ہونے کے لائق بنتے ہیں۔ اساتذہ اپنے طلبا میں تحقیق اور تخلیق کا جذبہ پروان چڑھاتے ہیں۔ ان سب سے زیادہ اساتذہ اپنے طلبا کی شخصیت سازی اور کردار سازی کرتے ہیں۔ ایک طالب علم پر اس کے استاد کے اثر کا اندازہ کرنا مشکل کام ہے۔ عصر حاضر کے تیزی سے بدلتے منظر نامے میں اساتذہ کا کردار بھی اہمیت اختیار کر گیا ہے۔ دنیا میں تجارتی ذہن بڑھ گیا ہے۔ کوئی بھی کام کے پیچھے مالی منفعت دیکھی جا رہی ہے۔ تعلیم بھی تجارت ہوگئی ہے اور اسے کسی بازاری شے کی طرح خریدا اور بیچا جا رہا ہے۔ اسکول اور کالجس محض کوچنگ کے ادارے بن گئے ہیں۔ اور طالب علموں کو مخصوص مضامین میں تفصیلی کوچنگ دی جا رہی ہے تا کہ آگے چل کر انہیں اچھے اداروں میں داخلہ مل سکے۔ تعلیم کا مقصد ایک

بچے کی ہمہ جہت ترقی ہے۔لیکن تعلیمی اداروں میں ان کی ہمہ جہت ترقی پر توجہ نہیں دی جا رہی ہے۔کھیل کود اور اخلاقیات پر توجہ نہیں دی جا رہی ہے۔اب وقت آ گیا ہے کہ تعلیمی ادارے اپنا احتساب کریں اور نوجوانوں میں بگڑتے اخلاق پر قابو پانے کے لئے ہنگامی اقدامات کریں۔اس کے لئے سب سے پہلے اساتذہ کو اپنے مضمون میں قابلیت کے علاوہ اخلاق کے اعلیٰ نمونہ بننا پڑے گا۔اساتذہ کو حسب ذیل اخلاقی اقدار کا اظہار کرنا پڑے گا۔

۱) ایک استاد زندگی بھر کا طالب علم ہوتا ہے۔اسے کبھی یہ نہیں سوچنا چاہئے کہ وہ سب کچھ جانتا ہے۔اور نہ ہی وہ یہ سوچے کہ وہ اس قدر تجربہ کار ہے کہ بغیر تیار کرے وہ کلاس لے لے گا۔ایک استادہ کو صرف نوٹس لکھانے کے بجائے اپنے سبق کو بہتر اور دلچسپ بنانے کے لئے نئے نئے طریقے سوچنا پڑے گا اور انہیں کمرہ جماعت میں پیش کرنا پڑے گا۔

۲) ایک استاد کو اپنے طالب علم کی ضروریات اور جذبات کے احساس رکھنا ہوگا۔ ہر طالب علم منفرد ہوتا ہے کسی میں خوبیاں ہوتی ہیں تو کسی میں خامیاں۔ایک اچھا استاد اپنے ہر طالب علم سے بہتر مظاہر حاصل کر لیتا ہے۔

۳) ایک استاد کمرہ جماعت میں کبھی کسی طالب علم کو نالائق' کام چور وغیرہ القاب سے پکارتے ہوئے اس کی توہین نہ کرے۔اس سے طالب علم کے دل و دماغ پر سنگین اثرات پڑ سکتے ہیں۔ اس سے طالب علم کے حوصلے پست ہو سکتے ہیں اور وہ اداس اور غمگین ہو کر خودکشی جیسے انتہائی اقدامات بھی کر سکتا ہے۔ایک استاد کمرہ جماعت میں طلبا کو ایسا انداز سے نہ پکارے جس سے ان کے رنگ' قد یا کسی اور جسمانی کمی کا احساس ہو۔اس سے طلبا کے ذہنوں پر برے اثرات پڑ سکتے ہیں۔

۴) ایک استاد کی ذمہ داری ہے کہ وہ طلبا سے مثبت سوچ کے ساتھ کام لیں۔سزا بھی دیں تو ایسی کہ اس سے ان کی تعلیمی بہتری ہو۔اگر طالب علم مسلسل غلط کام کر رہا ہے تو اس کے والدین کو طلب کیا جائے اور ان سے اس کے متعلق گفتگو کی جائے۔مار پیٹ کی سزا سے بالکلیہ بچا جائے

کیوں کے یہ غیر اخلاقی ہے اور قانون کے خلاف بھی ہے۔ مار پیٹ کے ایسے واقعات سامنے آئے جس سے بچوں کی بینائی متاثر ہوئی ہو اور خون بھی نکلا ہو۔

۵) ایک استاد کو اپنے طلبا کے لئے مثالی ہونا چاہئے۔ اور ایسا ہو کہ طلباء اس کی تقلید کریں۔ مثال کے طور پر ایک استاد اپنے طلبا سے کہتا ہے کہ کمرہ جماعت میں وہ فون نہ لائیں یا بند رکھیں جب کہ خود اس کا فون بار بار بجتا ہے اور وہ پڑھائی روک کر بات کرتا ہے تو وہ کیسے امید کرے گا کہ اس کے طلباء فون نہ لانے کی اس کی بات پر عمل کریں گے۔

۶) ایک استاد کو اپنے طالب علموں کا دوست' رہنما' رہبر اور فلاسفر ہونا چاہئے۔ استاد اور طالب علم کے درمیان رشتہ کلاس روم کے باہر بھی دوستانہ انداز کا قائم رہے۔ طلبا بہت سے شک وشبہات دور کرنا چاہتے ہیں استاد کو چاہئے کہ وہ الگ وقت دے کر کسی طالب علم سے اس کے شک وشبہات دور کرے۔ طالب علم نصاب سے متعلق اور اس کی ذاتی زندگی کے کسی مسئلے سے متعلق سوال کرنا چاہتا ہے اگر استاد اسے وقت دے اور اس کے مسئلے پر گفتگو کرے تو طالب علم کے دل میں استاد کی محبت بڑھے گی اور وہ استاد کا ادب واحترام کرتے ہوئے اس کی ہر بات مانے گا۔ موجودہ دور میں کالج کے طلبا کے پیش نظر کئی مسائل ہوتے ہیں۔ اور انہیں تناؤ کا سامنا کرنا پڑتا ہے۔ والدین اور وہ خود اپنے بارے میں پر امید ہوتے ہیں کہ اعلیٰ نشانات سے کامیابی حاصل کرنا ہے۔ اس کے علاوہ دوستوں کی صحبت' مخالف جنس کی جانب رغبت اور انٹرنیٹ پر موجود اچھے برے مواد کو دیکھنے کی آزادی پر کنٹرول کرنا ایسے مسائل ہیں جن میں آج کے دور کا طالب علم گھرا ہوا ایک اچھا شفیق اور مہربان دوست صفت استاد طالب علم کے ان مسائل پر اسے اچھا مشورہ دے سکتا ہے۔ پیشہ وارانہ اخلاق میں استاد کے لئے ضروری ہے کہ وہ اوقات کی پابندی کرے اور کام برائے تنخواہ کام نہ کرے بلکہ دل وجذبے سے کام کرے۔ اس طرح مجموعی طور پر تعلیمی شعبہ میں کام کرنے والے اساتذہ بہتر اخلاق کا مظاہرہ کرتے ہوئے ایک مثالی استاد

بن سکتے ہیں۔

پیشہ طب کے اخلاق Ethics in Medicine: زمانہ قدیم سے پیشہ طب سے وابستہ ڈاکٹروں کی سماج میں بڑی عظمت ہے۔ اور انہیں زندہ خدا سمجھا جاتا ہے کیونکہ مریضوں کا علاج کرتے ہوئے وہ مسیحا کا لقب اختیار کر لیتے ہیں۔ تیسری صدی قبل مسیح میں چرا کا نامی طبیب نے اطباء کے لئے کچھ اقدار پر مبنی اصول پیش کئے تھے جنہیں آج بھی طبیب اختیار کرتے ہیں۔ اس نے علاج کے چار مراحل بتائے تھے۔ طبیب' مریض' دوا اور پرہیز۔ طبیب کو صفائی کا خیال رکھے ہوئے مریضوں کا علاج کرنا ہوتا ہے۔ 370-460 ق۔م کے دوران بقراط نامی یونانی طبیب تھا اسے بابائے طب کہا جاتا ہے۔ اس نے مرض کے طبی معائنے پر زور دیا اور طبیبوں کے لئے اصول طب مرتب کئے۔ آج بھی ڈاکٹروں کو ان کی تعلیم کی تکمیل پر ایک قسم کا حلف دلایا جاتا ہے۔ اس حلف میں طبیبوں اور ڈاکٹروں کو پیشہ طب کے اعتبار سے چند اقدار کی پابندی کا عہد دلایا جاتا ہے۔ بقراط کے حلف نامے کی تفصیلات اس طرح ہیں۔

۱) اپنی صلاحیت کے مطابق مریضوں کا بہترین پیمانے پر منصفانہ علاج کرنا۔

۲) مریض کو دوران علاج کسی بھی قسم کے نقصان سے بچانا۔

۳) حمل گرانے میں تعاون سے بچنا اور رحم دلی کی موت دلانے سے بچنا۔

۴) مریضوں خاص طور سے عورتوں کے علاج کے دوران رشوت طلب کرنا۔

۵) مریضوں کے امراض کے بارے میں ممکنہ حد تک رازداری برتنا۔

۶) اپنے مفادات سے زیادہ مریضوں کے مفادات کا لحاظ رکھنا۔

۷) اپنے ہم پیشہ ڈاکٹروں میں جو جس شعبہ کا ماہر ہے اس کے لئے مریضوں کو چھوڑ دینا کے ان کا علاج وہ کرے یہ نہ کرے۔

ہندوستان اور دنیا بھر کے ڈاکٹروں کے لئے اخلاق اور اقدار کے یہ اصول قائم ہیں لیکن عملی طور پر

دیکھا جائے تو آج دنیا کے کئی ممالک میں اسقاط حمل اور رحم دلی کی موت جیسے جرائم کو قانونی حیثیت حاصل ہے۔ ہندوستان میں بالراست طریقے سے موت کا راستہ کھول دینا جیسے ایسا مریض جس کے بچنے کی کوئی امید نہیں اور اسے زندگی سے ہی تکلیف ہورہی ہو تو اس کی زندگی بچانے کے آلات جیسے وینٹیلیٹر یا آکسیجن وغیرہ ہٹالیا جاتا ہے جس سے مریض قدرتی طور پر بغیر زہر کے انجکشن کے موت کی آغوش میں چلا جاتا ہے اور اس کی تکالیف کا خاتمہ ہوجاتا ہے۔ جیسے طریقہ کار کو 2011ء سے منظوری دی گئی۔ یہ فیصلہ ارونا شان باگ نامی نرس کو موت دینے کے سلسلے میں دیا گیا جب کہ وہ 37 سال سے مصنوعی آلہ تنفس پر تھی۔ پیشہ طب کی عظمت کے باوجود موجودہ دور میں ڈاکٹرس اپنے مریضوں سے بہت لوٹ مار کر رہے ہیں۔ مریضوں سے غیر ضروری امتحانات کراتے ہیں اور فیس کے طور پر بھاری رقومات حاصل کرتے ہیں۔ میڈیکل ہال اور پیتھالوجیکل لیب سے ان کا گٹھ جوڑ ہوتا ہے اور مریضوں کو ٹیسٹ کرانے اور غیر ضروری دوائیں لکھ کر روپیہ بٹورا جارہا ہے۔ یہ اس لئے ہورہا ہے کہ میڈیکل کی تعلیم کے لئے طالب علموں سے لاکھوں روپے کیاپٹیشن فیس لی جارہی ہے۔ ایم بی بی ایس کے لئے پچاس لاکھ اور ایم ڈی کے لئے دو سے تین کروڑ لئے جارہے ہیں۔ تعلیم کے خاتمہ کے بعد یہ لوگ اپنا لگایا ہوا روپیہ عوام سے لینے کی خاطر ان کا خون چوس رہے ہیں۔ کسی کی موت پر مریض کے رشتے دار ڈاکٹروں پر مقدمے دائر کررہے ہیں اسی طرح خانگی دواخانوں میں یومیہ آمدنی کا درجہ برقرار رکھنے کے لئے بھی مریضوں سے من مانی رقومات لی جارہی ہیں۔ دواساز کمپنیاں ڈاکٹروں کو تفریح کے لئے دور دراز مقامات کے ٹکٹ اور تحائف دے رہے ہیں تاکہ ڈاکٹر ان کی کمپنی کی دوا مریضوں کے لکھے۔ یہ تمام باتیں ان دنوں پیشہ طب میں سرائیت کرگئیں ہیں جس سے پیشہ طب بدنام ہے لیکن مریض زندگی کے سامنے بے بس ہے وہ کچھ بھی کرے گا ڈاکٹر کا پیٹ بھرے گا اور علاج کرائے گا۔ ایسے میں ضرورت اس بات کی ہے کہ آج کے طبیب اور ڈاکٹر پیشہ طب کی

عظمت بحال کریں اور پیشہ سے وابستہ اخلاق اور اقدار کی پاسداری کریں۔
موجودہ سماج میں سیاست دان اور پولیس دونوں سے عوام نالاں ہیں اورنہیں چاہتے کہ پولیس یا سیاست دان سے ان کا سامنا ہو یا ان سے کوئی کام پڑے۔ جب کہ یہ دونوں عوامی خدمت کے شعبے ہیں اگر یہ ادارے درست کام کریں تو عوام کی بڑی خدمت ہوگی۔

سیاست میں اقدار: اردو کے مشہور شاعر علامہ اقبال نے کہا کہ ''ممالک شاعر کے دلوں میں پیدا ہوتے ہیں اور سیاست دان کے ہاتھوں پروان چڑھ کر موت کے منہ میں چلے جاتے ہیں۔'' پالیٹکس کا لفظ یونانی لفظ polis سے بنا ہے جس کا مطلب قوم یا مملکت ہے۔ قدیم یونانی فلسفیوں ارسطو اور افلاطون نے اپنے سیاسی افکار میں مثالی ریاست کا نقشہ پیش کیا ہے۔ انہوں نے مثالی ریاست کے قیام کے لئے سیاست کو ایک شاخ کے طور پر دیکھنے کی بات کی۔ انہوں نے کہا کہ مثالی ریاست کا نظام چلانے والے سیاست دان دانشور، دور اندیش اور مخلص ہونا چاہئے۔ مہاتما گاندھی نے مشورہ دیا تھا کہ سیاست اخلاقیات کا حصہ ہونا چاہئے۔ وہ خود بھی سادگی اور اخلاص کی اعلی مثال تھے۔ انہوں نے ملک کی جدوجہد آزادی کی تحریک میں ستیہ اور اہنسا کے اصول اپنائے اور ملک کو آزادی دلانے میں خاطر خواہ کامیابی حاصل کی۔ یہ اصول آج بھی عوام اور سیاست دانوں کے لئے رہنما ہیں۔ ملک کی آزادی کے وقت عام خیال یہ تھا کہ اس ملک کے سیاست دان عوام کی فلاح و بہبود کے لئے بے لوث ہو کر کام کریں گے۔ تاہم افسوس کی بات ہیکہ یہ نہیں ہوسکا۔ آج سیاست رشوت خوری، جرائم اور لوٹ مار کا اہم ذریعے ہوگئی ہے۔ آج کسی بھی سیاست دان کو عوام معصوم نہیں سمجھتے۔ کیون کہ یہ زندگی بھر ناجائز طریقوں سے دولت بٹورتے ہیں اور انتخابات جیتنے کے لئے کالا دھن بے حساب خرچ کرتے ہیں اور انتخاب جیتنے کے بعد پھر اس رقم کو دگنی کرنے کے چکر میں عوام سے لوٹ مار کرتے ہیں اور سرکاری خزانے سے چوری چھپے دولت بٹورتے رہتے ہیں۔ سیاست دانوں کے بارے میں بے شمار لطیفے عوام میں

مقبول ہیں۔ جیسے ایمان دار سیاست دان۔ جب کہ سیاست میں ایمان داری دور دور تک نہیں ملتی۔

سیاست دانوں کے لئے اقدار:

۱) سیاست دان شخصی طور پر ایمان دار اور با اخلاق ہو۔

۲) سیاست دان کو چاہئے کہ وہ عوام کی فلاح و بہبود کا پابند ہو۔

۳) عوام کے مسائل سے آگہی رکھے اور ان کے حل کے لئے کوشش کرے۔

۴) مسائل کو ترجیحی بنیاد پر حل کرے۔ دلوں کو خوش کرنے والے وعدے نہ کرے اور ایسی اسکیمات پر عمل کرائے جس سے سرکاری خزانے پر بوجھ پڑتا ہو۔

۵) وسائل کے لئے بھرپور فنڈ دے اور انہیں مناسب ڈھنگ سے خرچ کرے۔

۶) فلاح و بہبود کی اسکیموں پر تیزی سے عمل کرائے۔

۷) بیرونی دباؤ اور پارٹی کی جانب سے اندرونی خلفشار کو برداشت کرنے کی صلاحیت رکھتا ہو۔

۸) مسائل کے حل کے لئے اختراعی اسکیمات اور پروگرام شروع کرے۔

۹) قوانین کی پاسداری کرے۔ دوران الیکشن بھی دولت کے استعمال کے بارے میں شفافیت برتے۔

۱۰) رشوت خوری اور اقتدار کے بے جا استعمال کو پروان چڑھنے نہ دے۔

۱۱) لوگوں سے ہمدردی رکھے، خاص طور سے سماج کے کمزور طبقات سے ہمدردی رکھے۔ اور خواتین کا احترام کرے۔

۱۲) سیاست دانوں کے لئے ضروری ہے کہ وہ پارلیمنٹ، اسمبلی اور مجالس مقامی اداروں کے وقار کی پاسداری کریں اور عوام میں بھی اپنی عزت اور وقار کو برقرار رکھیں۔

شہریوں کی بھی کچھ سیاسی ذمہ داریاں ہوتی ہیں۔ وہ انتخابات کے وقت قابل اور اہل عوامی نمائندوں کا انتخاب کریں۔ اور جب وہ عوامی نمائندے منتخب ہو کر آتے ہیں تو ان کی کارگذاری پر نظر رکھیں اور انہیں اپنے فرض منصبی سے بھٹکنے نہ دیں۔ عوام اور سیاست دان مل کی ملک کی بہتر

خدمت کر سکتے ہیں اور مناسب منصوبہ بندی اور ان پر ایمانداری اور خلوص نیت کے ساتھ عمل کرتے ہوئے ملک کو ترقی کی راہ پر لگایا جاسکتا ہے۔

محکمہ پولیس میں اقدار: محکمہ پولیس بھی ان دنوں عوام کے غیض وغضب کا شکار ہے۔عوام کو شکایت ہے کہ جرائم کے خلاف عوام کی حفاظت کرنے کے بجائے غیر چند ملک دشمن پولیس کے عملے کے ارکان مجرمین سے ساز باز کر کے عوام کو انصاف دلانے سے روک رہے ہیں۔ایسے میں محکمہ پولیس کی فرض شناسی داؤ پر لگ جاتی ہے۔ پولیس کی ذمہ داری ہے کہ وہ قانون پر عمل کرائے، علاقے میں امن کی برقراری کو یقینی بنائے اور تمام شہریوں کی زندگی، ان کی جائیداد اور حقوق کی حفاظت کرے۔ وزارت داخلی امور نے 1985ء میں محکمہ پولیس کے لئے ضابطہ اخلاق ترتیب دیا۔جس کے تحت پولیس کے ملازمین کو حسب ذیل اصولوں پر عمل کرنا ضروری قرار دیا گیا ہے۔

۱) دستور ہند سے وفاداری اور تمام شہریوں کے حقوق کو عزت دینا۔

۲) فرائض کی انجام دہی کے دوران جان کی قربانی دینے کے لئے تیار رہنا۔

۳) تمام قوانین کو لاگو کرنا چاہے ان کی اہمیت ہو یا نہ ہو۔

۴) بغیر کسی ڈر اور خوف، جانبداری یا مخاصمت کے تمام قوانین کو لاگو کرنا۔

۵) شدید ضرورت کے وقت ہی طاقت کا استعمال کرنا اور اس میں بھی احتیاط کرنا۔

۶) اپنے حدود میں کام کرنا اور عدلیہ سے مداخلت نہیں کرنا اور نہ ہی ملزم کو سزا دینا۔

۷) یاد رہے کہ پولیس کے ملازمین بھی عوام کا ہی حصہ ہیں۔

۸) پہلے مرحلے میں ہی جرائم کی روک تھام کرنا نہ کہ جرم ہونے کے بعد اس کی تفتیش کرنا۔

۹) عوامی نمائندوں کا اعتماد حاصل کرنا اور ان سے عزت حاصل کرنا۔جن کی مدد کے بغیر پولیس کام نہیں کرسکتی۔

۱۰) عوام کے غریب اور امیر دونوں طبقے سے ہمدردی سے پیش آنا۔ سماج کے پچھڑے طبقات اور خواتین کے معاملات میں خصوصی توجہ دینا۔

۱۱) عوام سے دوستانہ ماحول میں کام کرنا۔

۱۲) خانگی زندگی میں ایمانداری اور سلامتی رویہ اختیار کرتے ہوئے عوامی خدمت کے لئے دستیاب رہنا۔

۱۳) مسلسل تربیت کے ذریعے کبھی بھی حرکت میں آنے کے لئے تیار رہنا۔

۱۴) ذات پات، رنگ ونسل اور مذہبی بھید بھاؤ سے اوپر اٹھ کر عوامی خدمت کے جذبے کے تحت کام کرنا۔

پولیس کے لئے مندرجہ بالا سنہری اصول ہیں۔ لیکن عملی طور پر دیکھا جار ہا ہے کہ موجودہ زمانے میں پولیس فورس میں رشوت عام ہوگئی ہے۔ پولیس ملازمین رشوت لے کر مجرمین کو چھوٹ دے رہے ہیں۔ اس سے عوام انصاف سے محروم ہورہے ہیں۔ سماج میں پھیلی منشیات کی لعنت، جسم فروشی کی لعنت وغیرہ کو روکنے کے لئے سخت اقدامات کے بجائے پولیس والے ہفتہ وصول کر کے اس طرح کے جرائم کو ڈھیل دے رہے ہیں۔ سڑک پر کاروبار کرنے والوں اور تاجرین کو ذبردستی چالان کیا جاتا ہے اور حقیقی مجرمین کو چھوڑ دیا جاتا ہے۔ کسی واقعہ کے بعد ایف آئی آر درج کرنے میں پولیس ٹال مٹول کرتی ہے کیونکہ ایف آئی آر درج کرنے کے بعد اس کیس پر تحقیقات لازمی ہوجاتی ہیں۔ لوگ تنگ آکر ایف آئی آر درج کرانے سے پیچھے ہٹ رہے ہیں۔ یہ ضروری ہے کہ پولیس کی صفوں سے غلط کردار کے افسران کو بے نقاب کیا جائے اور انہیں راہ راست پر لایا جائے۔ ملک میں اگر پولیس اپنے فرض منصبی کو بہتر طور پر نبھائے تو جرائم کم ہونگے اور عوام چین وسکون کے ساتھ زندگی بسر کرسکیں گے۔

سوال 3: سیول سرویس سرکاری ملازمت کرنے والوں اور عدلیہ کو اخلاقیات کا اعلیٰ نمونہ پیش کرنا

چاہئے۔آپ اس بات سے کس حدتک اتفاق کرتے ہیں؟

جواب :سیول سرویس عوامی اداروں میں اقدار: ہندوستان میں انتخابات کے ذریعے منتخبہ عوامی نمائیندے ملک کا انتظام چلاتے ہیں۔ چونکہ سیاست دان انتظامیہ کے تمام امور سے واقف نہیں ہوتے وہ عاملہ کے فیصلے لیتے ہیں۔ جب کہ ہر وزارت کے ساتھ سرکاری افسران ہوتے ہیں جوحکومت کی پالیسی کے تحت منصوبوں کوعمل میں لاتے ہیں۔ ہندوستان میں سرکاری ملازمتوں کا ڈھانچہ بنانے میں ملک کے پہلے وزیر داخلہ سردار ولبھ بھائی پٹیل نے اہم رول ادا کیا۔ انہوں نے ہندوستان میں آئی اے ایس انڈین اڈمنسٹریٹیو سرویس اورآئی پی ایس انڈین پولیس سرویس کے قیام کی سرپرستی کی۔انہوں نے اس بات پر زور دیا کہ ہندوستان میں سرکاری افسران سیاسی دباؤ کے بغیر کام کریں۔سرکاری ملازمین کوقومی اور ریاستی حکومتوں میں اہم خدمات دی جاتی ہیں۔آئی اے ایس اورآئی پی ایس کے علاوہ دیگر خدمات میں انڈین فارین سرویس اورانڈین فاریسٹ سرویس' اکاؤنٹس اینڈ آڈٹ سرویس' ریلوے سرویس' ہیلتھ سرویس' انجینئرنگ سرویس' پوسٹل سرویس اور دیگر خدمات بھی ہیں۔ یہ بات اہمیت کی حامل ہے کہ ان سرکاری خدمات کے بغیر ملک کی زندگی معطل ہوسکتی ہے۔سرکاری ملازم کو اسے حاصل اونچے اختیارات کے پیش نظر پیشہ وارانہ اقدار کا اعلیٰ نمونہ پیش کرنے کی ضرورت ہے۔سرکاری ملازمین کے لئے حسب ذیل اصول پیش کیے گئے ہیں۔

۱) سرکاری ملازمت کو ذات'رنگ ونسل'جنس اور مذہب کا فرق کئے بغیر ذمہ داری'ایمانداری'احتساب کے ساتھ انجام دینا۔

۲) موثر انتظامیہ'قیادت اور ترقی کو یقینی بنانا۔

۳) سرکاری عہدے یا اطلاع کے غلط استعمال کو روکنا۔

۴) بہتر حکومت کے لئے خدمت کرنا اور معاشی ترقی کو یقینی بنانا۔

سرکاری خدمات بل 2007ء کے مسودے میں اس بات کی تجویز رکھی گئی ہے کہ سرکاری ملازمین سیاسی مداخلت کے بغیر اپنے خدمات انجام دیں۔ ان کے لئے وطن سے محبت، قومی وقار، دستور سے وفاداری، غیر جانبداری، کام پر توجہ مرکوز کرنا، شفافیت اور دوستانہ ماحول میں کام کرنے کے اصول پیش کئے گئے ہیں۔ سرکاری ملازمین اور افسر شاہی کے بارے میں پیش کئے گئے ان اصولوں سے قطع نظر گذشتہ کچھ دہائیوں سے ہندوستان میں افسر شاہی پر کافی نکتہ چینی کی گئی ہے۔ اور لال فیتہ، رشوت ستانی، نا اہلی، کام میں تاخیر اور دیگر کئی الزامات عائد کئے گئے ہیں۔ سرکاری افسروں کے بارے میں بنیادی شکایت یہ ہے کہ وہ وقت کی حکومت کے دباؤ میں آ کر کام کرتی ہے اور حکومت کی مداخلت سے انصاف رسانی میں دشواری ہوتی ہے۔ حکومت کی مرضی سے کوئی فائل آگے بڑھتی ہے ورنہ اسے سرد خانے میں ڈال دیا جاتا ہے۔ فرض شناس افسران جب ملک سے جرائم پیشہ لوگوں کو دور کرنے کے لئے کام کرتے ہیں تو انہیں حکومت کے دباؤ کے تحت تبادلہ کر دیا جاتا ہے۔ ایک فرض شناس آفیسر اشوک کھیمکا کا 20 سال کی مدت میں 40 مرتبہ تبادلہ کر دیا گیا۔ اور انہیں جان سے مار ڈالنے کی دھمکی بھی دی گئی۔ یہی حال دیگر فرض شناس افسروں کا بھی ہے۔ ایسے میں عوام کی ذمہ داری ہے کہ وہ باکردار سیاست دانوں کو اقتدار پر لائیں تب ہی ملک میں سرکاری افسر ایمان داری کے ساتھ عوام کی خدمت کر سکتے ہیں۔ ورنہ ملک میں غنڈہ راج چلے گا اور عوام بے بس رہیں گے۔

عدلیہ میں اقدار: عدلیہ حکومت کی ایک شاخ ہے جو ملک میں قانون کی حکومت چلانے میں مدد دیتی ہے۔ عدلیہ میں سرکاری، عوامی اور فوجداری مقدمات پر فیصلہ ہوتا ہے۔ عوامی قانون عوام یا اداروں کے درمیان جھگڑوں کو نپٹا کر فیصلہ دیتا ہے۔ فوجداری مقدمات میں جرائم کی تحقیقات کے بعد فیصلہ دیا جاتا ہے۔ مقدمات کے دوران وکلا بحث کرتے ہیں اور دونوں فریقین کی بحث سن کر اور ثبوتوں کی روشنی میں جج کسی مقدمے کا فیصلہ کرتا ہے۔ 1961ء کی قانونی دفعہ میں وکلاء

کے لئے حسب ذیل اقدار پیش کیے گئے ہیں۔

۱)ہر حال میں عدالت کے وقار کو بحال رکھنا۔

۲)وکیل خانگی طور پر تنہائی میں مقدمے کے بارے میں جج سے بات نہ کرے اور نہ مقدمے پر اثر انداز ہو۔

۳)مخالف جماعت سے مقدمے کے دوران وکیل کو کچھ بھی غیر قانونی کام نہیں کرنے چاہیں۔

۴)جرائم میں مبتلا موکلین کے مقدمے نہیں لینے چاہیے اور انہیں بری کرانے کی کوشش نہیں کرنی چاہیے۔

۵)غلط بیانی سے مخالف کے وقار کو مجروح نہیں کرنا چاہیے۔

۶)اگر جج آپ کا قریبی رشتے دار ہو تو وکیل کو اس جج کی عدالت میں مقدمہ نہیں لڑنا چاہیے۔

۷)جب کسی معاملے میں ذاتی مفادات ہوں تو ایسی حالت میں مقدمہ نہیں لڑنا چاہیے۔

۸)وکیل اپنے موکل کی ضمانت نہ دے۔

۹)وہ ایسے مقدمے میں شامل نہ ہو جس میں وہ خود گواہ ہو۔

۱۰)اپنی ذاتی خیالات سے قطع نظر وکیل کو اپنے موکل کے مفادات کا لحاظ رکھنا چاہیے۔

۱۱)اپنے ذاتی مفاد کے لئے وہ مخالف جماعت سے کوئی معاہدہ نہ کرلے۔

۱۲)اشیاء پر مبنی ثبوت کو وہ خراب نہ کرے۔

۱۳)مجرمین کو اپنے دفاع کا حق ہوتا ہے۔وکیل اپنے مفادات کی خاطر مجرمین کو اپنے دفاع سے نہ روکے۔

۱۴)مقدمے کی فیس کامیابی کی بنیاد پر طے نہ کرے اور نہ ہی فیصد کی بنیاد پر رقم لے۔اگر یہ کہے کہ جائیداد آپ کے حق میں کرادوں تو اس کی قیمت کا اتنا فیصد مجھے دینا ہوگا۔

۱۵)وہ اپنے کام کی تشہیر نہ کرے۔اور نہ ہی لوگوں کو اپنی جانب راغب کرے۔

ہندوستان اور امریکہ میں عدلیہ سے متعلق بعض دیگر قوانین بھی ہیں۔ ہندوستان میں بجس کے لئے بھی رہنمایانہ اصول مقرر کئے گئے ہیں۔ جو اس طرح ہیں۔

۱) وہ سچائی اور انصاف کا نمونہ ہو۔

۲) جج کو قانونی باتوں خاص طور سے زمین سے متعلق قوانین کا وسیع تر علم ہو۔

۳) اسے غیر جانبدار ہونا چاہئے۔اور ذاتی رائے کو قانونی رائے پر ترجیح نہ دے۔

۴) وہ مذہب، رنگ و نسل، ذات پات کی بنیاد پر فرق نہ کرے۔

۵) اسے صبر کا اظہار کرنا چاہئے۔اور کام کا جذبہ ہونا چاہئے۔

۶) وہ اپنے اختیارات کو استعمال کرے اور دور حاضر کے تقاضوں سے ہم آہنگ ہوتے ہوئے قانون پر عمل کرے۔

۷) وہ بے خوف ہو اور رشوت لینے والا نہ ہو۔

۸) وہ مقدمے کی کاروائی کو فلمی انداز میں بار بار ملتوی نہ کرے اور اسی طرح غیر صحت مندانہ عادات نہ ڈالے۔

۹) وہ سیاسی جماعتوں سے روابط اور تعلقات نہ رکھے۔

۱۰) اسے اتنا حوصلہ ہونا چاہئے کہ حالات کے اعتبار سے حکومت کے خلاف بھی فیصلہ دے سکے اور وہ اعلیٰ اداروں میں جاری رشوت کے معاملات کے خلاف بھی فیصلہ دینے کا حوصلہ رکھتا ہو۔

مجموعی طور پر عدلیہ کو غیر جانبدار اور فعال ہونا چاہئے۔رشوت کا خاتمہ ہو تو عدلیہ کا وقار بڑھ سکتا ہے۔

بڑے پیمانے پر تجارت کرنے والوں کا اپنی انتظامیہ ہوتا ہے۔ادارہ ہوتا ہے ملازمین ہوتے ہیں اور تجارت کے طور طریقے۔ ہندوستان میں حکومت کی جانب سے تجارت کے لئے رہنمایانہ اصول بنائے گئے ہیں۔جس میں محصول عائد کرنا اور محصول کی وصولی جیسی باتیں شامل ہیں۔ بڑے تجارتی اداروں کے لئے قومی و بین الاقوامی سطح پر اخلاقیات اور اقدار طے کئے گئے ہیں۔

اقوام متحدہ نے 2000ء میں عالمی سطح پر تجارت میں انسانوں کے مفادات کے تحفظ کے لئے تجارتی گھرانوں کو کچھ رہنمایانہ اصول پیش کئے۔ جن کی تفصیل اس طرح ہے۔

۱) حقوق انسانی کی تائید اور حقوق انسانی کی خلاف ورزی روکنا۔

۲) اجتماعی بولی لگانے کے حق کو تسلیم کرنا۔

۳) طاقت کے زور پر مزدوری کرانا خاص طور سے بچہ مزدوری کا خاتمہ۔

۴) عمر، جنس، مذہب یا ملک کے نام پر کام دینے میں تفریق کرنا۔

۵) ماحولیات سے متعلق ذمہ داری کو فروغ دینے کے اقدامات کرنا۔

۶) ماحول دوست ٹیکنالوجی کو فروغ دینا اور اس پر عمل کرانا۔

۷) رشوت اور رقمی معاملت کی مخالفت کرنا اور اس کی روک تھام کرنا۔

صارفین اور کمپنی میں رقمی شراکت کرنے والے شیئر ہولڈر ایسے تجارتی اداروں کو فوقیت دے رہے ہیں جو تجارت کے دوران اخلاقیات کو مدنظر رکھتے ہیں۔ اور ایسے ادارے جنھوں نے حقوق انسانی کی خلاف ورزی کی لوگ انہیں ناپسند کرتے ہیں اور ان کی منفی تشہیر سے ان کے کاروبار کو سخت نقصان پہونچا۔ کاروبار میں اخلاقیات کی اہمیت کا اندازہ اس بات سے لگایا جاسکتا ہے کہ خواتین جو کاسمیٹک اشیاء استعمال کرتی ہیں اگر ان کے بارے میں پتہ چلے کہ ان کی تیاری سے قبل اس کے تجربات جانوروں پر کئے گئے انسانوں پر نہیں تو ویسی مصنوعات کو لوگ پسند نہیں کرتے اسی طرح جو لوگ خنزیر کو حرام تصور کرتے ہیں اگر پتہ چلے کہ کسی کھانے کی چیز میں خنزیر کی چربی ملی ہے تو بڑے پیمانے پر لوگوں نے اس کمپنی کی اشیاء کا بائیکاٹ کیا ہے۔ اسی طرح جو لوگ سبزی خور ہوتے ہیں ان کے لئے کھانے کی اشیاء پر سبز رنگ کا نشان لگا ہوتا ہے کہ اس چیز کے بنانے میں جانوروں کی چربی یا گوشت وغیرہ استعمال نہیں کیا گیا ہے۔ صارفین اور عوام میں کمپنی کا نام روشن کرنے کے لئے مائیکروسافٹ، ویپرو جیسے بڑے تجارتی ادارے ہر سال غیر منافع بخش

فلاحی تنظیموں کو بھاری مقدار میں عطیہ دیتے ہیں تا کہ ان کی رقم سے غریب اور متاثرہ لوگوں کی مدد ہو اس کے بدلے میں ان کی کمپنی کا نام روشن ہوتا ہے۔

ہندوستان میں جمشید جی ٹاٹا نے چھوٹے پیمانے پر بہار کے ایک گاؤں میں ٹاٹا اسٹیل کمپنی کی شروعات کی تھی۔ کمپنی کے ساتھ انہوں نے ایک ٹاؤن بھی بسایا جو آگے چل کر مشہور مقام جمشید پور بن گیا۔اس طرح کی ترقی کی اور بھی مثالیں ہیں۔ٹاٹا کمپنی نے پہلی مرتبہ خاتون انجنئرس کو ملازمت دی اور کام کی جگہوں پر جنس کی بنیاد پر فرق کو مٹایا۔

تجارتی ادارہ چھوٹا ہو یا بڑا اس کے کچھ ضابطہ اخلاق ہوتے ہیں۔ جو اس کی سماجی ذمہ داری ہے۔ کوئی تاجر ہو یا کنٹراکٹر، ٹیلر ہو ملازم اسے کام کی جگہ پر اخلاقیات کا مظاہرہ کرنا ہوگا۔ صرف منافع کمانا ہی مقصد نہ ہو۔تجارت اور کاروبار کے اخلاق میں شامل ہے کہ کام کی جگہوں پر بچوں سے ملازمت نہ کرائی جائے۔ یہ غیر اخلاقی اور غیر قانونی ہے۔ خاص طور سے ہوٹلوں اور پٹرول بنک پر بچوں سے کام لیا جاتا ہے۔ مدراس کے علاقہ شیوا کاشی میں پٹاخہ سازی کے کارخانوں میں جان کی پرواہ کئے بغیر کئی بچوں سے کام لیا جاتا ہے جو کام کے اخلاق کے خلاف ہے۔ کاروباری اداروں کو چاہئے کہ وہ ملازمین کو خاطر خواہ اجرت اور تنخواہ دیں۔ انہیں علاج کی سہولتیں فراہم کی جائیں۔ کام کی جگہ محفوظ اور آرام دہ ہو۔ کام کے ایام اور تعطیلات کو لیبر قوانین کے مطابق ہونا چاہئے۔ جو چیز فروخت کی جارہی ہے وہ صارف کی پسند اور معیار کے مطابق ہو۔ایک گنجے فرد کو کنگی بیچنا کوئی معنی نہیں رکھتا۔ پیداوار کے دوران معیار کو برقرار رکھا جائے۔اشیاء کی تیاری میں اونچا معیار برقرار رکھا جائے۔ایک کنٹراکٹر عمارت کی تعمیر کے دوران غیر معیاری تعمیری کام استعمال نہ کرے۔ترکاری فروش باسی ترکاریاں نہ بیچے۔ کھانے کی اشیاء میں صحت کے اصولوں کو مدنظر رکھا جائے۔ حیدرآباد میں پلا ریڈی کی مٹھائیاں اس لئے مشہور ہیں کہ وہ پیداواری معیار کو ہر حال میں برقرار رکھتے ہیں۔ اشیاء کا وزن برابر ہو۔ اکثر پیاکٹ کم

وزن ہوتے ہیں جس سے صارفین کا بھروسہ کمپنی پر سے اٹھ جاتا ہے۔ اگر ایک کلو شکر کے وزن میں کمی ہو تو کوئی بات نہیں لیکن سونا جیسی قیمتی دھات کے تول میں کمی ہو تو صارفین کا نقصان ہوسکتا ہے۔ کھانے کی اشیاء کی تیاری اور انہیں محفوظ رکھنے میں مضر صحت اشیاء ملانے سے بچنا چاہئے۔ غذائی اشیاء کی مصنوعی قلت پیدا نہیں کرنا چاہئے۔ اکثر عید اور تہوار کے موقع پر جب کے طلب بڑھ جاتی ہے غیر اخلاقی تجارتی ادارے مصنوعی قلت پیدا کر کے اشیاء کے دام بڑھا دیتے ہیں جس پر حکومت کارروائی کرتی ہے۔ ملک میں کچھ سال سے پیاز کی قلت بڑھ رہی ہے۔ پیاز کی قلت پر حکومتیں بھی گری ہیں۔ آفات سماوی کے موقع پر تاجروں کو عوام کو لوٹ مار نہیں کرنی چاہئے اکثر دیکھا گیا کہ سیلاب کے موقع پر معمولی قیمت کی اشیاء کے دام آسمان سے بات کرنے لگے تھے۔ تاجر کی ذمہ داری یہیں ختم نہیں ہوتی کہ وہ کوئی چیز بیچ دے۔ بعض اشیاء کو بعد میں بھی خیال رکھنے کی ضرورت پڑتی ہے جسے سرویسنگ کہا جاتا ہے۔ کسی سامان میں خامی ہو تو اسے بدل کر دیا جائے۔ اگر پتہ چلے کے کمپنی سے پیداوار کے دوران بڑی مقدار میں خامی والا مال بن کر مارکیٹ میں آگیا ہے اور حادثات ہوئے ہوں تو کمپنی کی یہ اخلاقی ذمہ داری ہے کہ وہ مارکیٹ اور صارفین سے سارا مال واپس لے لے۔ کار بیٹری اور سیل فون بیٹری میں نقص اور انہیں واپس لینے کی مثالیں ہمارے سامنے ہیں۔ کسی بھی چیز کی بارے میں جھوٹے دعوی نہ کئے جائیں۔ اشتہارات کے ذریعے کہا جاتا ہے کہ یہ دوا استعمال کرواتنے دن میں اتنا وزن اترے گا سب غلط دعوے ہیں۔ جس سے کمپنی کا وقار گھٹ سکتا ہے۔ کسی بھی چیز کے فروخت کے وقت کور پر اس کی تیاری کے اشیاء صاف صاف لکھ دینا چاہئے اور کونسی چیز کتنی مقدار میں ہے اس کی تفصیلات بھی واضح کر دینی چاہئے۔ ایک آدمی صرف بات کرنے کی ضرورت والا فون خریدنا چاہتا ہے جو کم قیمت کا ہوتا ہے اسے دکان دار بھاری اسمارٹ فون دکھائے یہ غیر اخلاقی ہے۔ قدرتی وسائل کو برباد نہ کیا جائے۔ تجارتی ادارے حکومت کو واجب الادا تمام ٹیکس ادا کریں اور اس کا حساب کتاب لکھ کر رکھیں۔ تجارت کے لئے قائم

کردہ قوانین کو جانیں اوران پرعمل کریں تب ہی دکان داراور صارف دونوں خوش رہیں گے۔

انسان اپنے روزگار کے لئے کوئی بھی پیشہ اختیار کرتا ہے۔ جیسے لوہار،سنار،موچی، درزی، مزدور وغیرہ۔ تعلیم یافتہ اشخاص کو ان کی صلاحیت کے اعتبار سے ڈاکٹر، انجینیر، وکیل، استاد، کلرک وغیرہ کی ملازمت ملتی ہے۔ انسان جہاں کام کرتا ہے وہاں ایمان داری برتے تو کام اچھا ہوگا۔ ادارہ ترقی کرے گا اوراسے اچھی تنخواہ ملے گی۔ محاورہ مشہور ہے کہ جس تھالی میں کھاتے ہو اس میں چھید نہ کرو اس کا مطلب یہ ہے کہ جس جگہ سے آپ کو فائدہ پہونچ رہا ہوں وہاں نقصان کا کام نہیں کرنا چاہئے۔ اگر پیشے میں اقدار کی لحاظ نہ رکھا جائے تو بدنامی ہوگی اور انسان ترقی نہیں کرے گا۔ کاروبار میں دھوکہ دہی اور ملاوٹ عام ہوگئی ہے۔ وزن کم تولنا، سوکھی چیزوں میں پانی ملانا، دودھ میں پانی ملانا، پٹرول میں گیس کا تیل ملانا، مرچی کے پوڈر میں گیرو ملانا اسی طرح ادویہ میں بھی ملاوٹ عام ہوگئی ہے۔ سرکاری ملازمت میں بھی اخلاق کم ہوتے جارہے ہیں۔ سرکاری ڈاکٹر مریض کو گھر پر بلا کر اس سے فیس لیتے ہوئے علاج کر رہا ہے۔ سرکاری دواخانے میں رشوت لیتے ہوئے علاج کیا جارہا ہے۔ ملازمین دیر سے دفتر آنے کام کے دوران بات چیت میں مگن رہنے اور وقت سے قبل گھر جانے کی کوشش کرتے ہیں۔ فائل پنڈنگ ڈال دیتے ہیں جب انہیں رشوت دی جاتی ہے تو کام کرتے ہیں ورنہ فائل میں نقص نکالتے ہیں۔ اس طرح ہر پیشے میں دھوکہ دہی عام ہے۔ درزی کپڑا اچراتا ہے۔ دھوبی مالکین کے کپڑے پہن کر پھرتا ہے۔ عوام پولیس کو رشوت اور دھوکہ دیتے ہیں پولیس والے رشوت لے کر مجرم کو چھوڑ دیتے ہیں۔ وکیل پیسے لے کر مجرم کو بے قصور ٹھہراتا ہے۔ جج دولت لے کر مقدمہ کا فیصلہ بدل دیتا ہے۔ تعلیم کے شعبے میں بھی اخلاقی گراوٹ آ گئی ہے۔ امتحان کامیاب کرنے کے دوران نقل مارنا، دولت کے استعمال سے پرچہ سوالات کا افشا، پیسے دے کر امتحان کامیاب کرنا، نقلی ڈگری لینا، ملازمت کے دوران رشوت دینا، اساتذہ کا ٹیوشن پڑھانا جب کے اسکول اور کالج میں پڑھانے کے لئے

پہلے سے ہی انہیں تنخواہ دی جاتی ہے۔ ٹیوشن پڑھنے والے طلبا کو اسکول میں زیادہ نشانات دینا ،ٹیوشن نہ پڑھنے والے ذہین طالب علم کو کم نشانات دینا یہ سب اخلاقی گراوٹ کی مثالیں ہیں۔اس کے لئے ضروری ہے کہ خاطی کو سخت سزا دی جائے اسے مذہب کا حوالہ دے کر ایمان داری کا سبق پڑھایا جائے اور بروقت ٹوکا جائے اس کے ساتھ تعاون نہ کیا جائے تب امکان ہیکہ وہ کام کے مقامات پر اخلاق کا مظاہرہ کریں گے اور اس سے ایک بہتر معاشرے کی تشکیل ہوگی۔

یونٹ 8

صحت اور تغذیہ

Health and Nutrition

بلوغت کی عمر بچے کی ایسی عمر ہوتی ہے جب تیرہ سے انیس سال کے درمیان جوانی کے دور میں قدم رکھتا ہ۔ اس دور میں جسمانی طور پر اس کی بڑھوتری تیز ہوتی ہے۔ اس کے جسم کا 45% حصہ 25% قد اور 40% تک ہڈیاں اسی دور میں تشکیل پاتی ہیں۔ اسی دور میں ہارمون کی تبدیلی سے اس کے اندر جنسی تبدیلیاں واقع ہوتی ہیں اور وہ جذباتی طور پر نازک اور شدت پسند ہونے لگتا ہے۔لڑکیوں میں بلوغت کی عمر دس سے بارہ سال کی عمر میں شروع ہوتی ہے اور لڑکوں میں دو سال بعد۔اس میں تعجب کی بات نہیں کہ زندگی کے اس دور میں بچے کے لئے اچھی غذا کی ضرورت اور اہمیت بڑھ جاتی ہے۔ مناسب تغذیہ کی کمی سے بچے کے بڑھنے کے مرحلے میں کمی واقع ہوسکتی ہے۔اوراس کی صحت پر مضر اثرات پڑ سکتے ہیں اور آگے کی زندگی میں وہ خطرناک امراض کا شکار ہوسکتا ہے۔ بلوغت کے دوران غلط غذائی عادات سے اس کی پرورش میں منفی اثرات بھی آسکتے ہیں۔لڑکیاں اس ضمن میں خطرے میں رہ سکتی ہیں کیوں کہ ہندوستان جیسے ممالک میں لڑکوں کے مقابلے میں لڑکیوں کے ساتھ جنس کی بنیاد پر تفریق کی جاتی ہے اورانہیں مناسب غذا نہیں دی جاتی۔ اس کے علاوہ ہندوستان کے دیہی علاقوں میں آج بھی لڑکیوں کی شادی کم عمری میں کر دی جاتی ہے۔اور وہ بیس سال سے کم عمر میں ہی ماں بن جاتی ہیں۔کم عمری میں ماں بننے سے اوران کے تغذیہ میں کمی سے وہ حمل کے دوران بھی مختلف امراض کا شکار رہتی ہیں اور بہت سے بچے کمزور پیدا ہوکر مر بھی جاتے ہیں۔ اس لئے ضروری ہے کہ

بلوغت کے دور میں لڑکوں اور لڑکیوں کی غذا پر خاص توجہ دی جائے اور انہیں صحت سے بھرپور غذا کی فراہمی کو یقینی بنایا جائے۔ زندگی کو بہتر گذارنے کے لئے بچوں کو تغذیہ سے بھرپور غذا کی ضرورت ہوتی ہے۔ جو بھی غذا دی جاتی ہے اس کے حرارے ناپنے جاسکتے ہیں۔ جنہیں کیلوریز کہا جاتا ہے۔ بالغ بچوں کو ان کے قد اور جسامت کے اعتبار سے روزانہ دو سے ڈھائی ہزار کیلوریز کی ضرورت ہوتی ہے۔ لڑکوں کو لڑکیوں کے مقابل زیادہ کیلوریز کی ضرورت پڑتی ہے۔ جو اپنے جسم سے سخت محنت کرتے ہیں انہیں کم محنت کرنے والوں کے مقابلے میں زیادہ غذا کی ضرورت پڑتی ہے۔ بالغ بچوں کو متوازن غذا دی جانی چاہیے تاکہ انہیں درکار طاقت اور توانائی حاصل ہوسکے۔ اگر کسی سماج میں غربت زیادہ ہے اور لوگوں کو ان کی صحت کے اعتبار سے درکار غذا کے بجائے کم طاقت والی غذائیں مل رہی ہیں تو مجموعی طور پر اس علاقے میں امراض زیادہ ہونگے اور عوامی صحت کے مسائل پیدا ہونگے۔ اگر کسی علاقے میں لوگوں کے ہاں خوشحالی اور دولت زیادہ ہے اور لوگ بہت زیادہ کھانے لگیں تو زیادہ کھانا بھی صحت کے لئے مضر ہے لوگ مٹاپے کا شکار ہوکر ذیابطیس، ہائی بلڈ پریشر، ہڈیوں کا کمزور ہوجانا اور عارضہ قلب میں مبتلا ہوسکتے ہیں۔ شہری علاقوں میں تیار کھانے کی اشیاء، فاسٹ فوڈ اور جنک فوڈ کے استعمالات سے بھی لوگوں کی عام صحت پر مضر اثرات پڑ رہے ہیں۔

متوازن غذا: متوازن غذا میں حیاتین، کاربوہائیڈریٹ، پروٹین، چربی، دالیں وغیرہ شامل ہیں۔ روزانہ کی غذا میں ان کی مناسب مقدار دودھ، گوشت، ترکاریوں، دالوں اور پھلوں سے حاصل کی جاسکتی ہے۔

بلوغت کے دوران اچھی غذائی عادتیں: بالغ بچوں کے لئے ایسی غذا متوازن ہے جس میں چربی کم ہو اور کاربوہائیڈریٹ اور پروٹین زیادہ ہو۔ اپنی غذا میں دودھ، دالیں، ثابت پھلیاں وغیرہ استعمال کرنے سے بچے بہت سی بیماریوں سے بچے رہیں گے۔ ترکاریاں اور پھل تازے کھائے

جائیں۔ترکاریوں کو اچھی طرح دھو کر پکایا جائے۔اور بہت زیادہ نہیں پکانا چاہئے۔آج کل سیب جیسے پھلوں کی سطح کو چمکانے کے لئے کیمیائی مادے لگائے جارہے ہیں اس لئے پھلوں کو اچھی طرح دھو کر کھانا چاہئے۔ترکاریوں اور پھلوں میں ہر قسم کی ترکاری اور پھل استعمال کرنی چاہئے پھلی اور پتے والی ترکاری اور گڈے والی ترکاری سب میں لوہا' نمک اور دیگر چیزیں ہوتی ہیں۔ اپنی غذا میں دودھ' انڈے اور گوشت کو شامل رکھنا چاہئے۔سبزی خور لوگ وٹامن بی 12 کی کمی کا شکار ہوسکتے ہیں ایسے لوگ دالوں' دہی اور دودھ کا استعمال کرنا چاہئے ساتھ میں ضرورت پڑنے پر وٹامن بی 12 کی گولیاں بھی کھاتے رہنا چاہئے۔تلی ہوئی غذائیں کم کھانی چاہئیں۔اس سے گیسیس اور شوگر کی بیماری کا خطرہ لاحق رہتا ہے۔پہلے سے پکی ہوئی ڈبہ بند غذاؤں' مٹھائیوں سے بھی احتیاط برتنی چاہئے۔شکر کا استعمال کم رکھنا چاہئے۔روزانہ ۹۰ گرام سے زیادہ شکر استعمال نہیں کرنی چاہئے ۔ بہت سے پھلوں اور ترکاریوں میں بھی ہمیں شوگر ملتی ہے۔بیکری کی اشیاء جیسے کیک پیسٹری میں شکر کی مقدار زیادہ استعمال ہوتی ہے۔مصنوعی شربتوں میں بھی شکر زیادہ ہوتی ہے۔اس سے دانتوں کا ٹوٹنا' گردے کا عارضہ' تنفس کی شکایت اور دیگر خطرناک امراض ہوسکتے ہیں۔نمک کا استعمال بھی کم رکھنا چاہئے۔عام طور پر ایک انسان کو روزانہ چھ گرام سے بھی کم نمک استعمال کرنا چاہئے۔نمک میں موجود سوڈیم صحت کے لئے خطرناک ثابت ہوسکتا ہے۔اچاروں اور دیگر چٹنیوں میں بھی چیز کو محفوظ رکھنے کے لئے زیادہ نمک ڈالا جاتا ہے جو صحت کے لئے مضر ہوتا ہے۔

اچھی صحت ایک خداداد نعمت ہے۔نوجوانوں کے لئے ضروری ہے کہ وہ صحت مند عادتیں اختیار کریں اور اپنے آپ کو چاق و چوبند رکھیں۔متوازن غذا نہ لینے اور غیر صحت مند ماحول میں رہنے سے عام انسانوں کے علاوہ نوجوان بھی بیمار ہوتے ہیں۔امراض دو قسم کے ہوتے ہیں۔ایک متعدی امراض جو ایک دوسرے کو پھیلتے ہیں اور دوسرے غیر متعدی امراض جو عام حالات میں

ایک دوسرے کو نہیں لگتے۔جسم کے افعال کو متاثر کرنے والی متعدی بیماریاں وائرس، بیکٹیریا، فنگس، اور پروٹوزوا سے پھیلتی ہیں۔ ہندوستان میں کنکر پتھر، ڈینگیو، خسرہ، گوبری، نزلہ، نمونیہ اور یرقان وائرس سے پھیلتی ہیں۔ٹائفائیڈ، ہیضہ، جذام وغیرہ امراض بیکٹیریا سے پھیلتے ہیں۔ داد اور پیروں کا کٹنا جیسے بیماریاں پروٹوزوا کی وجہ سے پھیلتی ہیں۔ غیر متعدی امراض جراثیم کی منتقلی سے نہیں پھیلتے۔ دمہ، عارضہ قلب، عارضہ گردہ اور دیگر امراض جسم کے اعضاء کے مناسب طور پر کام نہ کرنے سے پھیلتے ہیں۔کچھ امراض پیدائیشی ہوتے ہیں۔ کچھ بیماریاں جیسے ہڈیوں کا کمزور ہونا رعشہ بھولنے کی بیماریاں وغیرہ بڑھتی عمر کے سبب ہوتی ہیں۔ کچھ بیماریاں رہن سہن کے طور طریق اور مناسب ورزش نہ کرنے سے ہوتی ہیں جیسے ذیابطیس، دل کی شیریانوں کا موٹا ہوجانا یا کینسر وغیرہ۔جن پر کچھ حد تک احتیاطی تدابیر کے ذریعے قابو پایا جاسکتا ہے۔

ہوا کے ذریعے جراثیم کی منتقلی: بیماری سے متاثرہ فرد جب کھانستا ہے یا چھینکتا ہے تو اس کی ناک سے متعدی امراض کے جراثیم فضا میں داخل ہوتے ہیں اور اس شخص کے قریب کوئی صحت مند شخص ہو تو اسے متاثر کرتے ہیں۔ اس طرح کی بیماریوں میں کھانسی، نزلہ وغیرہ شامل ہیں۔ انتھراکس کے جراثیم بھی فضا سے ہی منتقل ہوتے ہیں۔

سمیت غذا اور پانی: سمیت غذا اور گندا پانی استعمال کرنے سے بھی ہیضہ، پیچش، یرقان اور ٹائیفائڈ جیسے امراض پھیلتے ہیں۔ مناسب طور پر نہ پکی ہوئی یا باسی غذا یا ایسا نل کا پانی استعمال کرنا جس میں نالیوں کا پانی شامل ہوگیا ہو تو اس سے معدے سے متعلق امراض پیدا ہوتے ہیں۔

متاثرہ شخص سے راست تعلقات: بیمار شخص سے راست تعلق یا اس کے قریب رہنے سے بھی امراض پھیلتے ہیں۔ دق ٹی بی جیسی بیماری مریض کے قریب رہنے والوں کو ہوتی ہے اس لئے اس بیماری سے متاثرہ شخص کے لباس، بستر اور استعمال کے برتن استعمال نہیں کرنے

چاہئیں۔HIV ایڈز جیسی بیماری متاثرہ شخص سے جنسی تعلقات پیدا کرنے' اس کے استعمال کردہ انجکشن کی سوئی استعمال کرنے یا متاثرہ شخص کا خون دوسروں کو چڑھانے اور ماں سے بچے کو بھی منتقل ہوتی ہے۔

کیڑوں اور جانوروں کے کاٹنے کی بیماریاں: ملیریا اور ڈینگیو جیسے امرض مچھر کے کاٹنے ہوتا ہے۔ جب کہ مچھروں میں جراثیم ان کے کاٹنے سے انسانی جسم میں منتقل ہوتے ہیں اور پلیگ طاعون جیسا خطرناک مرض چوہوں کے ذریعے پھیلتا ہے۔ کتے اور بندر کے کاٹنے سے ریبیز کی بیماری ہوتی ہے۔

متعدی امراض سے بچنے کے اقدامات: کئی متعدی امراض کو عام احتیاطی تدابیر سے قابو میں رکھا جاسکتا ہے۔ جیسے بیماریوں سے بچنے کے لئے ضروری ہے کہ ہم اپنے جسم کو صاف رکھیں۔ کھانے سے قبل ہاتھوں کو اچھی طرح دھوئیں۔ سوائن فلو سے بچنے کے لئے کہا گیا تھا کہ اپنے ہاتھوں کو صابن سے اچھی طرح دھونا چاہئے۔ غذا کو صفائی سے پکانا چاہئے۔ ترکاریوں اور دیگر کھانے کی چیزوں کو اچھی طرح دھو کر صفائی سے کاٹ کر پکا کر کھانا چاہئے۔ باسی ہونے والی اشیاء اور ترکاریوں کو فوری دور کردینا چاہئے۔ ہوٹلوں میں کام کرنے والے ملازمین کو چاہئے کہ وہ صاف لباس پہن کر ہاتھوں میں دستانے پہن کر کام کریں ورنہ بڑی مقدار میں لوگ بیمار ہوسکتے ہیں۔ اپنے رہنے اور کام کرنے کی جگہ کو صاف رکھنا چاہئے۔ گھر میں صاف ہوا اور روشنی کے آنے کا انتظام کرنا چاہئے۔ ہم جہاں رہتے ہوں وہاں درخت پیڑ پودے اگانا چاہئے اس سے صاف آکسیجن دستیاب ہوگی۔ گھر میں جھینگر مچھر اور دیگر حشرات کے داخلے کو روکنا چاہئے اور گھر کو صاف ستھرا رکھنا چاہئے۔ گھر کے بستر اور دیگر سامان کی صفائی اور انہیں دھوپ میں سکھاتے رہنا چاہئے۔ فون لیپ ٹاپ اور دیگر اشیا کو صاف کرکے استعمال کرنا چاہئے کیوں کہ یہ ایک سے زیادہ لوگ استعمال کرتے ہیں۔ گھر میں پانی کو رکنے نہیں دینا چاہئے اس سے مچھر پیدا ہوتے

ہیں۔کولر میں موجود پانی کو سکھا دینا چاہیئے ورنہ اس میں بھی مچھر پیدا ہوتے ہیں۔اپنی ذاتی استعمال کی اشیاء جیسے ٹوتھ برش، کنگی، توال، صابن اور بلیڈ کو دوسروں کو استعمال نہیں کرنا چاہیئے۔ انجکشن لینے کی سوئی کو ایک مرتبہ استعمال کر کے اسے ختم کر دینا چاہیئے۔ جب کھانسی یا چھینک آئے تو دستی سے اپنی ناک اور منہ کو چھپانا چاہیئے ورنہ جراثیم دوسروں کو لگ سکتے ہیں۔

اکثر نوجوانوں کو دیکھا جا رہا ہے کہ وہ والدین اور اپنے بڑوں کی نافرمانی کر رہے ہیں اور ان سے غلط برتاؤ کر رہے ہیں۔اس کی وجوہات کیا ہیں آیئے دیکھتے ہیں۔نوجوانی یا بلوغت کا دور بچوں کے لئے پریشانیوں کا دور ہوتا ہے۔اس دور میں نوجوان فیصلہ سازی اور اپنے آپ پر کنٹرول میں ناکام دکھائی دیتے ہیں۔ وہ نافرمان ہوتے جاتے ہیں اور برا برتاؤ کرنے لگتے ہیں۔ بری عادتوں میں مبتلا ہونے لگتے ہیں۔جیسے شراب نوشی کرنا، خطرناک انداز میں گاڑی چلانا، گلیوں میں ریس لگانا، غیر محفوظ جنسی تعلقات کی طرف جانا اور جرائم میں ملوث ہونا شامل ہیں۔نوجوانوں میں بری عادتوں کی کئی وجوہات ہوسکتی ہیں۔جیسے

ذہن کی نامکمل تعمیر: بعض بچوں میں ذہن کا وہ حصہ برابر بن نہیں پاتا جو بچوں میں برائیوں سے روکنے اور انہیں اچھائی کی طرف راغب کرتا ہے۔جذبات کو ابھارنے والا دماغی حصہ نوجوانی میں زیادہ متحرک ہو جاتا ہے۔نوجوان بچوں کو اندازہ نہیں ہوتا کہ شراب نوشی کے بعد تیز رفتار گاڑی چلانے یا جنسی تعلقات پیدا کرنے کے کیا خطرناک نتائج سامنے آسکتے ہیں۔ہارمون کی وجہ سے بھی بچے جذباتی ہوجاتے ہیں اور وہ چھوٹی چھوٹی باتوں پر اختلاف کرنے لگتے ہیں۔ دوستوں کی صحبت سے بھی نوجوانوں میں بری عادتیں پروان چڑھنے لگتی ہیں ایک لڑکا دیکھتا ہے کہ اس کے دوست شراب پی رہے ہیں وہ بھی ان کی دیکھا دیکھی کرنے لگتا ہے وہ یہ نہیں سوچتا کہ وہ شراب نہ پی کر ان سے الگ ہو جائے بلکہ وہ ان کے رنگ میں رنگ جاتا ہے اور بری عادتوں میں پڑ جاتا ہے۔نوجوانوں میں منفرد دکھائی دینے کا بھی جنون ہوتا ہے وہ ایسے کرتب دکھانا چاہتے

ہیں جس سے سب حیران رہ جائیں لیکن اس میں وہ حادثے کا بھی شکار ہو سکتے ہیں۔ بلوغت کی عمر میں نوجوان آزادی پسند کرتے ہیں وہ کچھ نیا کرنا چاہتے ہیں۔جن باتوں کو منع کیا جاتا ہے وہ کرنے کی کوشش کرتے ہیں۔خطرات کو پسند کرتے ہیں۔دوستوں کی تالیوں میں تیز رفتار بائیک چلانا اور اس پر اسٹنٹ کرنا چاہتے ہیں۔ساحل سمندر پر دور تک نہ جانے کے لئے کہیں گے تو جائیں گے۔ تیرنا اور کچھ نیا کرنا ان کے جذبات میں بھرا ہوتا ہے۔ایسے میں ان کی توانائی کا بہتر استعمال والدین اور اساتذہ دونوں کے لئے ضروری ہے۔

نوجوانوں میں اخلاقی قدروں کے فروغ کے اقدامات:

چونکہ نوجوان جوشیلے اور جذباتی ہوتے ہیں۔ان کے خون کی گرمی ہمیشہ انہیں کچھ نہ کچھ کرتے رہنے پر اکساتی رہتی ہے ایسے میں نوجوان بالکل خطرات سے بچے رہیں اور جوشیلی حرکتیں نہ کریں یہ ممکن نہیں لیکن مندرجہ ذیل اقدامات کے ذریعے ان میں بہت سی اخلاقی قدریں پروان چڑھائی جاسکتی ہیں۔

والدین اور اساتذہ کا تائید: والدین اور اساتذہ کی ذمہ داری ہے کہ وہ نوجوانوں سے محبت رکھیں ۔ان سے بات چیت اور دوستانہ تعلقات رکھیں ان کے مسائل سنیں اور کبھی کبھی ان کی تائید بھی کرتے رہیں۔ان کی غلطیوں کو مناسب انداز سے ٹوکیں ان کی عزت نفس کا خیال رکھیں تب امید ہے کہ نوجوان اپنی غلطیوں کی اصلاح کریں گے۔

والدین اپنے بچوں کی تعلیمی ترقی اور نصابی سرگرمیوں پر توجہ دیں اور ان کی ضروریات کی تکمیل کریں۔اسکول اور کالج ایک ایسی جگہ ہے جہاں طالب علم اپنے اساتذہ سے مشورہ لے سکتا ہے۔اس لئے اساتذہ کی ذمہ داری ہے کہ وہ نوجوان طالب علموں کی انفرادی اور اجتماعی کونسلنگ کریں۔اور ان کے مسائل کے حل کے لئے مناسب اور مفید مشورے دیں۔

والدین کی قائم کردہ سرحدیں: والدین چاہتے ہیں کہ ان کے بچے مثالی انسان بنیں۔اس لئے

تربیت اولاد کے ضمن میں اکثر وہ بچوں کو ان کی غلطیوں پر ٹوکتے رہتے ہیں۔ والدین چاہتے ہیں کہ ان کے بچے ان کے قائم کردہ معیارات پر پورے اتریں۔ والدین اپنے بچوں کی نقل و حرکت اور ان کی تفریحات پر نظر رکھتے ہیں اور یہ بھی دیکھتے رہتے ہیں کہ ان کے بچے تعلیم کے دوران انٹرنیٹ اور دیگر تفریحات پر کس قدر وقت دیتے ہیں۔ اگر اس میں حد سے تجاوز ہو گیا تو وہ اپنے بچے کو ٹوکتے ہیں۔ اس سے بچوں کی تربیت مقصود ہوتی ہے۔

فرصت کے اوقات کے مشاغل: بچوں کو جب کالج سے چھٹی ہوتی ہے تو والدین اپنے بچوں کو جسمانی ورزش کے کھیل جیسے کرکٹ فٹبال وغیرہ کی ترغیب دیتے ہیں۔ یا موسیقی یا مصوری کے شوق کی تکمیل کی صلاح دیتے ہیں۔ بچوں کو بھی چاہیئے کہ وہ پڑھائی سے تھوڑی سی چھٹی لے کر ایسی سرگرمیوں میں حصہ لیں جس سے ان کے جسم کو آرام ملتا ہو اور روزمرہ سرگرمیوں سے ہٹ کر کوئی کام ہو۔ اس سے ان کی روزانہ کی تکان دور ہوگی۔ اور وہ ہفتے کی شروعات میں پھر سے پڑھائی کی جانب توجہ دے سکیں گے۔ نوجوانوں کو چاہیئے کہ وہ محلے میں کوئی سماجی کام میں دلچسپی لیں۔ اس سے ان کی توانائی اچھے مقاصد کے لئے کام آئیگی۔ اسکول کی جانب سے بھی انہیں اپنی بستی میں خواندگی پھیلانے کا کوئی پراجکٹ دیا جاسکتا ہے۔ نوجوان کوشش کریں کہ وہ مصروف رہیں اور خالی ذہن نہ رہیں۔ اس سے امکان ہے کہ وہ بری عادات سے بچے رہیں گے اور گھر کے ایک اچھے فرد اور کالج کے مثالی طالب علم اور مستقبل کے اچھے شہری بنیں گے۔

نشہ آور ادویات اور شراب کا غیر طبی مقاصد کے لئے استعمال صحت پر غیر معمولی مضر اثرات مرتب کرتا ہے۔ اس طرح کی چیزوں میں نکوٹین سگریٹ' شراب' غیر قانونی طریقہ سے حاصل کردہ ادویات جیسے بھنگ' چرس' گانجہ' حشیش اور ایل ایس ڈی شامل ہیں۔ ان میں چند ادویات بھی شامل ہیں جن کے حد سے زیادہ استعمال سے نشہ آتا ہے جیسے بے ہوش کرنے والی انیستھیسیا کی دوا' کوڈین اور باربی ٹیوریٹ شامل ہیں۔ بعض لوگ گھروں کے کام میں آنے والے

پینٹ، تھنر، نیل پالش ریموور اور پٹرول سونگھ کر بھی نشہ کرتے ہیں۔ کچھ چیزیں سونگھی جاتی ہیں اور کچھ پی جاتی ہیں۔ کچھ نگلی جاتی ہیں۔ کچھ انجکشن کے ذریعے جسم میں داخل کی جاتی ہیں اور کچھ چبائی جاتی ہیں۔ کچھ چاکلیٹ کی شکل میں بھی امریکہ جیسے مقامات پر غیر قانونی طور پر دستیاب ہیں۔ کچھ سال قبل اقوام متحدہ کے اشتراک سے کرائے گئے قومی سروے کے مطابق ہندوستان میں شراب نوشی کرنے والوں اور نشہ آور ادویات استعمال کرنے والوں کی تعداد 8 کروڑ سے زیادہ ہے۔ اور یہ تعداد بڑھتی ہی جارہی ہے۔ نشے کے عادی افراد میں نوجوانوں کی تعداد زیادہ ہے۔ یہ بھی معلوم ہوا کہ پہلے نشہ کے عادی نوجوانوں کا تعلق سماج کے طبقہ بالا سے ہوا کرتا تھا لیکن اب یہ لت متوسط اور غریب طبقہ کے نواجوانوں میں بھی پڑگئی ہے۔ اس میں شراب پینے والوں کی کثرت ہے۔ اندازہ لگایا گیا ہے کہ ہندوستان میں 21% لوگ شراب کے عادی ہیں۔ تین فیصد منشیات کا استعمال کرتے ہیں اور ایک فیصد لوگ افیوم کے عادی ہیں۔ نشہ آور ادویات کی عادت پڑنے اور استعمال کی عام وجہہ ذہنی تناؤ کو دور کرنا' سماجی حالات' تلذذ حاصل کرنا اور تجسس شامل ہیں کہ پی کر دیکھتے ہیں کہ کیا ہوتا ہے۔ شہری زندگی' نقل مقام اور مشترکہ خاندانوں کے ٹوٹ جانے سے عصری زندگی میں نوجوانوں پر تناؤ بڑھ گیا ہے۔ سماجی زندگی کی روک تھا اور رسم ورواج کی پاسداری کم ہوگئی ہے۔ جس کے سبب نوجوان سکون کی تلاش میں نشہ آور ادویات کی جانب راغب ہورہے ہیں۔ نوجوان اپنے دوستوں کے دباؤ میں آکر مذاق میں یا تجسس میں کوئی ایک نشہ کرتے ہیں۔ اور بہت جلد وہ اس کے عادی ہونے لگتے ہیں۔ جرائم پیشہ افراد جو منشیات کا کاروبار کرتے ہیں نوجوانوں کو بہکاتے ہیں پہلے مفت میں یہ چیزیں پیش کرتے ہیں اور جب نوجوان اس کے عادی ہوجاتے ہیں تو وہ ان سے بھاری رقومات طلب کرتے ہیں نوجوان گھر میں روپئے اور زیورات چوری کرکے منشیات حاصل کرتے ہیں اور اپنی صحت کو خطرناک حد تک بگاڑ لیتے ہیں۔

منشیات کے مضر اثرات: نشہ آور ادویات کے استعمال سے نوجوانوں میں اعصابی، تنفسی اور دل کے امراض پیدا ہوتے ہیں۔ مرض کی شدت کا انحصار نشہ کی مقدار، مدت اور دیگر عوام پر ہوتا ہے۔ اس کے مضر اثرات میں انسان دیوانگی کا شکار بھی ہوسکتا ہے کہ جو چیزیں سامنے نہیں وہ ان کو سامنے پاتا ہے۔ ابتداء میں نشہ کی تھوڑی مقدار سے ہی نشہ آجاتا ہے بعد میں یہ مقدار بڑھتی ہی جاتی ہے۔ اکثر شراب کے ساتھ دیگر نشہ آور ادویات بھی استعمال کی جاتی ہیں تاکہ نشہ بھرپور رہے۔ یہ ایک دوا استعمال کرنے سے کہیں زیادہ خطرناک ہے۔ جب اچانک وہ نشہ کرنا چھوڑ دیتا ہے تو اسے دورے آسکتے ہیں اور دل کا دورہ پڑ کر اس کا انتقال بھی ہوسکتا ہے۔ نشہ لینے کے بعد انسان قابو میں نہیں رہتا اور خطرات اور حادثات کا شکار ہوسکتا ہے۔ جو لوگ نشہ کر کے گاڑی چلاتے ہیں ان کے ذریعے حادثات کا رونما ہونا عام بات ہے۔ منشیات کا استعمال کرنے والے ایک انجکشن سے کئی لوگ دوائیں لیتے ہیں جس سے HIV سے متاثر ہونے کا خدشہ بڑھ جاتا ہے۔ تجزیات سے پتہ چلا ہے کہ انجکشن کے ذریعے نشہ کرنے والے ایڈز جیسے مہلک مرض میں زیادہ مبتلا ہوئے ہیں۔ اس سے فرد نہیں بلکہ گھر اور سماج سب متاثر ہوتے ہیں۔ نشہ میں ڈوبنے کی وجوہات میں پڑھائی میں کم مظاہرہ کرنا، اسکول یا کالج سے خارج ہوجانا، ملازمت پر برقرار نہیں رہنا، تعلقات میں تناؤ، شادی کا ٹوٹ جانا، خاندان اور سماج سے تائید حاصل نہ ہونا وغیرہ شامل ہیں۔ مغربی ممالک میں کئی موسیقار اس لعنت کا شکار رہے۔ مائیکل جیکسن، جم موریسن، ایلویس پریسلی اور میریلین منرو چند ایسے نامور فنکار ہیں جن کی موت نشہ آور ادویات کے کثرت سے استعمال سے ہوئی۔ کھیل کے شعبے میں بھی کھلاڑی اپنے مظاہرے کو بہتر بنانے کے لئے ہارمون اور بعض نشے کی ادویات استعمال کرتے ہیں جو ممنوعہ ہیں اور اکثر اولمپک اور دیگر بین الاقوامی کھیلوں میں کسی اجنبی کھلاڑی کے شاندار مظاہرے پر ان کے خون کا معائنہ کیا جاتا ہے اور اگر ان کے خون میں ممنوعہ ادویات کی موجودگی پائی گئی تو ان کا میڈل واپس لے لیا جاتا

ہے اور انہیں سزا کے طور کھیلوں سے باہر کر دیا جاتا ہے۔ اور ان پر تاحیات امتناع عائد کر دیا جاتا ہے۔ مشہور کھلاڑی مائیکل فیلپس (تیراکی) آندرے اگاسی (ٹینس) اور میراڈونا (فٹبال) نے اس بات کا اعتراف کیا ہے کہ انہوں نے اپنے دور میں ممنوعہ ادویات استعمال کی تھیں۔ امریکہ کی خاتون اتھلیٹ میریو جونس نے 2000ء کے اولمپک میں جیتے اپنے تمام پانچ میڈل واپس کر دئے کہ اس نے ممنوعہ ادویات کا استعمال کیا تھا۔

نوجوانوں میں نشہ کی عادت پر قابو پانے کے اقدامات: انسان جب نشہ لینا شروع کر دیتا ہے تو اس بات کے امکانات بڑھ جاتے ہیں کہ وہ اس لعنت کا شکار ہو جائے گا۔ اس لئے ضروری ہے کہ بچپن سے ہی بچوں کو اس طرح کی عادتوں سے باز رکھا جائے۔ ابتداء میں نشہ کی عادت چھڑانے کے لئے ''ابتدائی قابو پانے کے نظریہ کے تحت'' شراب' تمباکو اور افیون کے استعمال سے بچایا جاتا ہے۔ اسلئے کہ نشہ کی عادت کی ابتدا ان تین چیزوں سے ہی ہوتی ہے۔ بعد میں یہ عادت شدت والی ادویات جیسے کوکین اور ہیروئین تک پہونچ جاتی ہے۔ روک تھام کے تین مراحل ہیں۔ ابتدائی' ثانوی اور آخری مرحلہ۔ ابتدائی مرحلے میں ادویہ کی مقدار میں کمی کی جاتی ہے۔ ثانوی مرحلے میں دوائیں روک دی جاتی ہیں اور سرحدی آخری مرحلے میں مریض کے علاج اور اس کی باز آبادکاری پر توجہ دی جاتی ہے۔

بچے کے بلوغت کے دور میں اس کے اندر اچھی عادتیں پیدا کرنے میں خاندان' اسکول' سماج' پڑوس اور دیگر عوامل اہم رول ادا کرتے ہیں۔ انہیں اس بات کا اندازہ ہونا چاہئے کہ بچے اتنے حساس ہوتے ہیں کے ذرا سے غفلت پر وہ نشہ آور ادویات کی جانب راغب ہو سکتے ہیں۔ نوجوان میں بھی اس قدر حوصلہ اور ہمت ہونی چاہئے کہ وہ دوستوں کی جانب سے بہکانے کے باجود نشہ آور چیزیں لینے سے صاف انکار کر دے۔ سماج اور والدین کے علاوہ حکومت بھی نوجوانوں میں نشے کی عادت پر کاروائی کر سکتی ہے اس کے لئے سخت قوانین اور ان پر عمل آوری

ضروری ہے۔ حالیہ برسوں میں حکومت ہند نے میڈیا کے ذریعے سگریٹ اور شراب کے اشتہارات پر پابندی عائد کردی ہے۔اور فلموں میں بھی ان کوشہرت دینے پر پابندی عائد کردی ہے۔عوامی اور کھلے مقامات پراب سگریٹ نوشی منع ہے۔ غیر سرکاری تنظیموں اور باز آبادکاری مراکز کی جانب سے پروگراموں کے انعقاد اور کونسلنگ مراکز کے قیام سے اس اہم سماجی لعنت پر قابو پایا جاسکتا ہے۔

یونٹ 9

سوشیل میڈیا اور ٹیکنالوجی میں اقدار

Ethics in Social Media and Technology

انٹرنیٹ عصر حاضر کی ایسی سہولت ہے جس نے نوجوانوں سمیت زندگی میں تمام عمر کے افراد کے طرز زندگی میں تبدیلی پیدا کردی ہے۔ ہم جس دنیا میں رہ رہے ہیں وہاں عصری ٹیکنالوجی زندگی کو بدل رہی ہے۔ کام کے طریقوں میں تبدیلی واقع ہوگئی ہے۔ ہمارے سفر' حضر' کھانے پینے' اٹھنے بیٹھنے' کھیلنے کودنے اور سوچنے کے طریقوں میں بھی تبدیلی آگئی ہے۔ عصری تیکنالوجی کے استعمالات کئی ہیں۔ اور تیکنالوجی سے جڑے کئی آلات جیس ٹیلی فون' ٹی وی' کیمرہ' ویڈیو ریکارڈر' اسمارٹ فون' کمپیوٹر' سیل فون' آئی پیاڈ' آئی فون' مائیکرو ویو اوون وغیرہ اب عام انسان کی زندگی کا حصہ بننے لگے ہیں۔ جب ہم عصری تیکنالوجی کے آلات کا استعمال کرنے لگتے ہیں تب ہمیں احساس ہوتا ہے کہ ان کے بغیر ہماری زندگی مشکل ہے۔ یہ رجحان نوجوانوں میں زیادہ ہے جو تیکنالوجی کے اثرات بہت جلد قبول کرتے ہیں۔ موجودہ دور میں نوجوانوں کو تیکنالوجی کی دو دریافتوں انٹرنیٹ اور موبائل فون نے بہت متاثر کیا ہے۔ یہ دو سہولتیں جب فون میں مل جاتی ہیں تو نوجوانوں کی بہت بڑی آرزو پوری ہوتی ہے کہ ان کے پاس ایک عصر اسمارٹ فون ہو اور اس میں انٹرنیٹ کنکشن ہو۔ اور اس کے استعمالات میں سماجی ویب سائٹس کے استعمال کا رجحان نوجوانوں میں تیزی سے بڑھتا جارہا ہے۔ یہ جاننا دلچسپی سے خالی نہیں ہوگا کہ انٹرنیٹ اور سیل فون نے گذشتہ چند برسوں سے نوجوانوں کی زندگیوں میں اچھے اور برے کیا اثرات ڈالے ہیں۔ آپ پسند کریں یا نہ کریں ٹیکنالوجی تو اپنی جگہ برقرار رہے گی۔ اور یہ نوجوان نسل کو متاثر کرتی رہے گی۔

انٹرنیٹ کیا ہے؟ انٹرنیٹ عالمی سطح پر کمپیوٹر نیٹ ورک کا جال ہے۔ جو کئی اقسام کی معلومات فراہم کرتا ہے۔ انٹرنیٹ کے ذریعے دنیا بھر کے لوگ ایک دوسرے سے رابطے میں رہ سکتے ہیں اور انٹرنیٹ کے ذریعے جو معلومات اپ لوڈ کی جاتی ہیں چاہے وہ تحریری شکل میں ہو تصویری شکل میں یا متحرک آڈیو ویڈیو کی شکل میں مخصوص ویب سائٹ کا پتہ لکھ کر انہیں دیکھا جاسکتا ہے اور مطلوبہ مواد بعد میں استعمال کے لئے ڈاؤن لوڈ بھی کیا جاسکتا ہے۔ انٹرنیٹ کے آجانے کے بعد مواصلات اور سیکھنے کا عمل غیر معمولی آسان ہو گیا ہے۔ اور ہم کہہ سکتے ہیں کہ انٹرنیٹ نے ہماری زندگیاں بدل دی ہیں۔ جب کہ چند صدی قبل ہم سوچ بھی نہیں سکتے تھے کہ اپنے گھر کے کمپیوٹر اسکرین پر ہم اپنی پسند کی ہر قسم کی معلومات حاصل کر سکتے ہیں اور دنیا بھر میں موجود اپنے جاننے والوں سے روبرو بات کر سکتے ہیں اور انہیں دیکھ سکتے ہیں۔

انٹرنیٹ کے استعمالات: انٹرنیٹ کے اچھے اور برے کئے استعمالات ہیں۔ ذیل میں ان کی تفصیل دی جارہی ہے۔

وسیع تر مواد کی دستیابی: انٹرنیٹ پر موجود انفارمیشن اطلاعات لامتناہی ہیں۔ اب کسی کو تعلیم کے کسی شعبے سائینس، سماجی علوم، ریاضی یا کوئی بھی شعبے کی کتاب حاصل کرنے کے لئے کتب خانہ جانے کی ضرورت نہیں۔ اب انٹرنیٹ پر درکار کتابیں، مضامین اور دیگر تفصیلات آسانی سے دستیاب ہیں۔ وکی پیڈیا پر کسی بھی موضوع پر معلوماتی مواد بیشتر زبانوں میں حاصل کیا جاسکتا ہے۔ انٹرنیٹ کا بیشتر مواد مفت دستیاب ہے۔ جب کہ بعض کتابیں اور دیگر مواد آن لائن رقم جمع کراتے ہوئے حاصل کیا جاسکتا ہے۔ انٹرنیٹ سے فاصلاتی تعلیم اور آن لائن کورسز کرتے ہوئے ترک تعلیم کرنے والے گھر بیٹھے تعلیم حاصل کرسکتے ہیں۔

معلومات کی فوری اور باآسانی دستیابی: انٹرنیٹ پر نہ صرف وسیع تر مواد دستیاب ہے بلکہ یہ بہت تیز رفتاری سے ہم تک پہونچ سکتا ہے۔ کوئی بھی مطلوبہ ویب سائٹ چند سیکنڈ میں کھل جاتی ہے۔

اور ہم اپنے مطلوبہ مواد تک رسائی حاصل کر سکتے ہیں۔ گوگل کے علاوہ دیگر کئی سرچ انجن ہیں جس میں سوال کرنے پر مطلوبہ جواب حاصل ہوتا ہے۔ کسی بھی قسم کی عام معلومات ہو یا زندگی کے کسی بھی شعبہ کا کوئی سوال اس کا ممکنہ جواب انٹرنیٹ سے مل جاتا ہے۔ انٹرنیٹ سے اپنی پسند کی تصاویر اور ویڈیوز بھی حاصل کئے جاسکتے ہیں۔ اپنے مطلوبہ مواد تک رسائی کے لئے ہمیں موضوع کے اہم لفظ کو سرچ انجن میں ٹائپ کرنا ہوگا جس سے آسانی سے مطلوبہ مواد کی ویب سائٹ تک رسائی حاصل ہوسکتی ہے۔ انٹرنیٹ اپ لوڈنگ سے ہم اپنے مواد کو انٹرنیٹ میں محفوظ بھی کر سکتے ہیں اور اسے دوبارہ سرچ کے ذریعے حاصل کر سکتے ہیں۔

دوستوں اور رشتے داروں سے رابطہ: انٹرنیٹ کی بہت سی ویڈیو کانفرنسنگ سائٹس، سوشیل میڈیا سائیٹس اور دیگر رابطے کی سائٹس سے ہم گھر بیٹھے دنیا کے کسی بھی کونے میں موجود دوست یا رشتے دار سے بات کر سکتے ہیں اور انہیں بات کرتا ہوا دیکھ سکتے ہیں اس کے لئے دونوں کو آئی ڈی بنانا ہوگا اور کال کر کے بات کرنا ہوگا۔ ای میل نے اب خط کی جگہ لے لی ہے۔ ہم اب ذاتی اور کاروباری خطوط اور بھاری مقدار کا مواد تصویر اور ویڈیو کی شکل میں باآسانی دنیا بھر میں کہیں بھی بھیج سکتے ہیں۔

اجنبیوں سے آسان رابطہ: انٹرنیٹ کے سوشیل میڈیا سائٹس کے ذریعے ہم اجنبی لوگوں سے رابطہ قائم کر سکتے ہیں اور اگر وہ اپنے ہم خیال ہوں تو ان سے آن لائن دوستی کرتے ہوئے ان سے بات چیت اور دیگر روابط رکھ سکتے ہیں۔ فیس بک، ٹویٹر اور دیگر سوشیل میڈیا سائٹس ان دنوں ساری دنیا میں لوگوں کو ایک دوسرے سے رابطہ فراہم کرنے کا ذریعے بنے ہوئے ہیں۔ فیس بک پر کئی کروڑ لوگ رکن ہیں۔ فیس بک پر مرضی کے مطابق فورم ہیں جن میں شمولیت حاصل کرتے ہوئے لگ اپنے ذوق کی تسکین کر سکتے ہیں۔ فیس بک پر بیماروں کی امداد کے لئے بھی اپیلیں آتی ہیں جن پر ساری دنیا سے لوگ ہمدردی کا اظہار کرتے ہیں اور مالی مدد کا پیشکش کرتے ہیں۔

لامتناہی تفریح کا ذریعہ: انٹرنیٹ لامتناہی تفریح کا ذریعہ ہے۔ پہلے زمانے میں لوگ فلم دیکھنے تھیٹر جاتے تھے۔ بعد میں ٹیلی ویژن پر مقررہ اوقات میں فلم اور سیرئیل دکھائے جانے لگے۔ کرکٹ میچ کا براہ راست ٹیلی کاسٹ ہوتا تھا۔ جو مقررہ وقت اور چینل پر دکھایا جاتا ہے۔ لیکن اب انٹرنیٹ کی بدولت ماضی کی کوئی بھی فلم کوئی بھی سیریل گیت غزل' مذہبی' باتیں غرض اپنی پسند کا ہر تفریحی مواد آڈیو اور ویڈیو کی شکل میں موجود ہے۔ براہ راست ٹیلی کاسٹ کے لنک' دنیا بھر کے ایف ایم ریڈیو' اخبار اور ٹیلی ویژن چینلس کے لنک انٹرنیٹ پر دستیاب ہیں جن سے تفریح کے لا محدود ذرائع دستیاب ہوگئے ہیں۔ انسان کے پاس اب وقت کی کمی ہے لیکن ڈھیر ساری تفریح اسے انٹرنیٹ سے فراہم کی جارہی ہے۔ کھیلوں کے شوقین بچوں کے لئے کار ریسنگ سے لے کر ریسلنگ باکسنگ ہر قسم کے کھیل دستیاب ہیں۔ بہت سے کھیل دنیا بھر میں یکساں مقبول ہیں۔ جن کے بارے میں بڑوں سے زیادہ بچے معلومات رکھتے ہیں۔ ہم گھر بیٹھے دنیا کے کسی بھی حصے میں موجود شخص کے ساتھ کھیل کھیل سکتے ہیں۔ اور بھی تفریح کے ذرائع انٹرنیٹ فراہم کرتا ہے۔

مواد کی ترسیل میں آسانی: انٹرنیٹ کی بدولت کام کرنے کے طریقہ کار میں انقلابی تبدیلی آگئی ہے اب دفتر میں بیٹھ کر کرنے کا کام آسانی سے کمپیوٹر پر گھر میں بیٹھ کر کیا جاسکتا ہے۔ بڑی بڑی فائلیں دنیا کے کسی بھی حصے میں کسی بھی وقت بھیجی جاسکتی ہیں اور منگائی جاسکتی ہیں۔ کتابوں کی اشاعت اور مختلف قسم کے چھپائی کے کام بھی انٹرنیٹ سے آسان ہوگئے ہیں۔ اور مواد کی ترسیل بہت آسان ہوگئی ہے۔

بنکنگ اور ای کامرس میں سہولت: انٹرنیٹ کی بدولت بنکنگ کے کام میں بڑی سہولت آگئی ہے۔ اے ٹی ایم سے ہم کہیں سے بھی اپنے اکاؤنٹ سے رقم نکال سکتے ہیں اور جمع کر سکتے ہیں۔ اس کے علاوہ بھی کریڈٹ کارڈ اور اس قسم کی دیگر سہولتوں سے کاروبار آسان ہوگیا ہے۔ انٹرنیٹ کی بدولت ہم گھر بیٹھے ریل یا بس کا ٹکٹ یا ہوٹل کا کمرہ بک کر سکتے ہیں۔ خدمات کے بل جیسے لائٹ

نل انٹرنیٹ کے بل ادا کر سکتے ہیں اور آن لائن خریداری کر سکتے ہیں۔ اپنی اشیاء کی فروخت کی تشہیر بھی انٹرنیٹ سے کی جاسکتی ہے۔ اور بھی کئی شعبے ہیں جس سے زندگی میں آسانیاں پید ہوئی ہیں۔

انٹرنیٹ کے مضر استعمالات: انٹرنیٹ کس قدر فائدہ مند ہے اسی قدر نقصان دہ بھی ہے۔ اس کے راست یا بالراست نقصانات اور اس کے غلط استعمالات ذیل میں دئے جا رہے ہیں۔

ٹیکنالوجی پر حد سے زیادہ انحصار اور استعمال کی لت پڑ جانا: انٹرنیٹ ایک کتب خانے کا متبادل ہے اور اب اس کے ذریعے ٹی وی، فون، ٹیپ ریکارڈر اور دیگر سہولتوں کی مدد مل رہی ہے۔ مغربی ممالک اور ہندوستان میں نوجوان انٹرنیٹ پر اپنا بہت سا وقت گذار رہے ہیں۔ بعض اوقات انٹرنیٹ پر انحصار خطرناک اور تشویشناک ہوجاتا ہے۔ اور یہ لت اور لعنت کی شکل اختیار کر لیتا ہے۔ اس طرح کی کئی مثالیں ملتی ہیں کہ نوجوان بچے مسلسل کئی گھنٹے گیمس کھیل کر چکر کھا کر گئے۔ بچے کئی ایڈوانس کھیلوں سے واقف ہیں۔ اور اگر تھوڑی دیر کے لئے بھی انٹرنیٹ سرویس رک جائے تو وہ بے چین ہوجاتے ہیں۔ لوگوں کو فیس بک اپ ڈیٹ دیکھنے اور اپنا ای میل ان باکس چیک کرنے کی اتنی بے چینی رہتی ہے کہ وہ تھوڑی دیر کے لئے بھی آف لائن رہنا پسند نہیں کرتے۔ اس طرح انٹرنیٹ موجودہ نسل کے لئے لت اور لعنت ہے اس کے مسلسل استعمال سے صحت کے مسائل بھی پیدا ہو رہے ہیں۔

حقیقی دنیا سے کٹ جانا: انٹرنیٹ سے رابطہ رکھنے والے دن بدن حقیقی دنیا سے دور ہوتے جارہے ہیں۔ رشتے داروں سے ملنا اور سماجی سرگرمیوں میں حصہ لینا کم ہوگیا ہے۔ سفر کرنا ہو یا کہیں کچھ دیر بیٹھنا ہو نوجوان انٹرنیٹ کا استعمال شروع کر دیتے ہیں اور حقیقی زندگی کی مسرتوں سے محروم ہوتے جارہے ہیں۔ انٹرنیٹ کے سوشیل میڈیا سائٹس سے نوجوان دنیا بھر کے لوگوں سے دوستی کررہے ہیں لیکن حقیقی زندگی میں ان کے دوست کم ہیں جس کی وجہہ سے سیکھنے اور ایک دوسرے میل جول رکھنے کا عمل کم ہوگیا ہے اور سب کچھ آن لائن ہو رہا ہے۔

ہنراور مہارتیں کھودینا: انٹرنیٹ کے وسیع تر استعمال سے بچے لکھنے کے ہنر سے محروم ہو رہے ہیں وہ کی بورڈ سے لکھنا جانتے ہیں لیکن قلم لے کے خوشخط لکھنے کے فن سے محروم ہوتے جا رہے ہیں۔ بچے گھر میں موجود ڈکشنری کے استعمال کے بجائے آن لائن ڈکشنری دیکھ رہے ہیں اور ریاضی کے مسائل ہو یا کوئی اور مسئلہ کتاب کھول کر دیکھنے کے بجائے آن لائن دیکھ رہے ہیں۔اب نقشے اور دیگر درکار مواد بھی آسانی سے انٹرنیٹ پر دستیاب ہے۔اور ہر قسم کا تحریری کام آسان ہو گیا ہے۔

خاندانی رشتوں کو ٹوٹ جانا: انٹرنیٹ پر نوجوان اس قدر وقت گذار رہے ہیں کہ انہیں اپنے رشتے داروں سے ملاقات کا وقت ہی نہیں ملتا۔ بس سب ملاقاتیں آن لائن ہوگئی ہیں۔ حقیقی رشتے ٹوٹ گئے ہیں۔اگر کسی مجلس میں بھی بیٹھنا ہو تو نوجوان اپنے فون سے لوگوں کو پیغامات روانہ کرتے دیکھے جا رہے ہیں۔اور سماجی زندگی سے بیزارگی دکھا رہے ہیں۔

گھریلو زندگی پر مضر اثرت: انٹرنیٹ کی وجہہ سے کئی لوگ دفتر کا کام گھر پر کر رہے ہیں اس سے خاندان کو دیا جانے والا وقت بھی انٹرنیٹ کی نذر ہو جا رہا ہے۔ یہ سماجی زندگی کے لئے بڑے خطرے اور تشویش کی بات ہے۔اس سے شوہر بیوی اور والدین اور بچوں میں دوریاں پیدا ہو سکتی ہیں۔

انٹرنیٹ کا غیر اخلاقی استعمال: تعلیمی شعبہ میں انٹرنیٹ کا غیر اخلاقی استعمال بڑھ گیا ہے کس کی بھی تحریر ہو کس کے بھی خیالات ہو بغیر حوالہ دئے لوگ کاپی پیسٹ کے ذریعے اپنا رہے ہیں۔ کاپی رائٹ مسائل پیدا ہو رہے ہیں۔فون اور بلوٹوتھ کے ذریعے امتحانات میں نقل نویسی ہو رہی ہے۔

غیر اخلاقی ویب سائٹس تک آسانی سے رسائی: انٹرنیٹ پر اچھا برا ہر قسم کا مواد ہے اور کوئی روک ٹوک نہیں ہے۔ بچے عریاں فلمیں دیکھ رہے ہیں اور اس کے بعد عورتوں پر مظالم کے واقعات میں اضافہ ہو رہا ہے۔ضرورت اس بات کی ہے کہ والدین اپنے بچوں پر نظر رکھیں اور انہیں تنہائی میں انٹرنیٹ استعمال کرنے نہ دیں اور ان کی مناسب اخلاقی تعلیم و تربیت کریں جس سے وہ

انٹرنیٹ کے غلط استعمال سے بچے رہیں گے۔ بچوں کے تحفظ سے کوئی سمجھوتہ نہیں ہوسکتا چھوٹے بچے سوشیل میڈیا کے غلط استعمال سے غلط لوگوں کے ہاتھ لگ رہے ہیں۔ جس کی جانب توجہ کی ضرورت ہے۔ انٹرنیٹ سے دھوکہ دہی کے واقعات میں اضافہ ہورہا ہے۔ لوگ ملازمتوں کا جھانسہ دے کر معصوم لوگوں سے بھاری رقومات وصول کر رہے ہیں اور معصوم لوگ لٹ رہے ہیں۔ سائبر کرائم کے ماہر نوجوان اکاؤنٹ ہیکنگ کے ذریعے نقصان پہونچا رہے ہیں۔ وائرس پھیلاتے ہوئے لوگ قیمتی مواد کا نقصان کر رہے ہیں۔ جس سے احتیاط کی ضرورت ہے۔ انٹرنیٹ کے استعمال کرنے والے صحت کے مسائل سے دوچار ہیں ایک جگہ بیٹھ کر کام کرنے سے لوگوں کے رگ پٹھے جم جانے' ضیابطیس کا شکار ہوجانے اور دم چڑھ کر آنے کے طبی مسائل سے دوچار ہورہے ہیں اور مسلسل مانیٹر پر نظر رکھنے سے نوجوانوں کی بینائی متاثر ہورہی ہے۔ کمپیوٹر کے پرانے ساز وسامان کے کچرے سے ماحولیات کو بھی شدید نقصان پہونچ رہا ہے۔ اس سے نکلنے والے لیڈ اور پلاٹینیم سے صحت کو خطرات لاحق ہیں۔ اس طرح انٹرنیٹ کے بے شمار مضر اثرات ہیں جن سے احتیاط کرنے اور نوجوانوں میں انٹرنیٹ کے درست استعمال کا شعور بیدار کرنے کی فوری ضرورت ہے۔

انٹرنیٹ موجودہ زمانے میں نوجوانوں اور عام انسانوں کی گھریلو' تجارتی' دفتری اور ذاتی زندگی کا لازمی حصہ ہوگیا ہے۔ ایک زمانہ تھا جب کہا جاتا تھا کہ جس کو کمپیوٹر استعمال کرنے نہیں آتا وہ جاہل ہے اب یہ کہا جاسکتا ہے کہ جو انٹرنیٹ کا استعمال نہیں جانتا وہ جاہل ہے۔ انٹرنیٹ معلومات کا ایک وسیع تر دریا ہے۔ اس کے ایک سرچ انجن گوگل کا دعوی ہے کہ یہاں سب کچھ ملتا ہے۔ انسان کی بنیادی ضروریات سے لے کر کھیل تفریح سب کچھ کے بارے میں اطلاعت انٹرنیٹ کے ذریع تیزی سے ہم تک پہونچ رہی ہیں۔ ایسے میں ہمیں انٹرنیٹ کا ضرورت کی حد تک استعمال سیکھ لینا چاہئے لیکن اسے زندگی کی دائمی ضرورت بنا کر گھریلو اور سماجی زندگی سے

کٹ جانا اس کے زیادہ استعمال سے اپنے اخلاق بگاڑ لینا اور صحت متاثر کر لینا ہوش مندی کی بات نہیں ہے۔نوجوانوں کو یہ فیصلہ کر لینا چاہئے کہ فون اور انٹرنیٹ ان کے لئے کس حد تک ضروری ہے اور کس حد تک غیر ضروری۔ طالب علمی کے دور میں نصاب کی تکمیل اور امتحانات کی تیاری اہم مرحلہ ہوتی ہے۔ اپنے اسائنمنٹ کی تکمیل کے دوران انٹرنیٹ سے مواد ڈھونڈنا ہو یا نصاب کے کسی موضوع کتاب سے ہٹ کر اضافی مطالعہ کرنا ہو تب انٹرنیٹ سے مواد حاصل کیا جاسکتا ہے۔ آج کل آن لائن ٹیوشن لینے کا سلسلہ بھی شروع ہوگیا ہے لیکن ہندوستان میں اس کا چلن کم ہے۔ تعلیمی ضرورت کے تحت انٹرنیٹ کا استعمال اچھی بات ہے لیکن تفریح کے نام پر اخلاق سوز مناظر دیکھنا موسیقی سننا اور سوشیل میڈیا پر گھنٹوں اجنبی لوگوں اور جنس مخالف سے باتیں کرتے رہنا یہ وقت کی بربادی ہے۔ اس کے لئے نوجوانوں کو اچھے دوستوں کی صحبت میں رہنا چاہئے والدین کو بھی چاہئے کہ وہ اپنے بچوں پر نظر رکھیں۔ انہیں بے کار رہنے نہ دیں۔ گھر پر ان کی پڑھائی کا انتظام کریں۔ کالج میں بھی اپنے بچوں کی ترقی پر نظر رکھیں۔ کالج کا انتظامیہ بھی انٹرنیٹ کے جرائم میں ملوث طلباء کو سخت سزا دے تاکہ دوسروں کے لئے مثال قائم ہو۔ انٹرنیٹ کا اچھے مقاصد کا استعمال سیکھیں۔ بہت سے پروگرام ہنر سکھاتے ہیں۔ اسپوکن انگلش اور دیگر ہنر سیکھنے کے لئے یوٹیوب ویڈیوز دیکھے جاسکتے ہیں۔ مجموعی طور پر انٹرنیٹ کا تعلیمی مقاصد کے لئے استعمال درست ہے۔ البتہ تفریحی مقاصد کے لئے اس کے استعمال میں محتاط رویہ اختیار کیا جانا چاہئے۔ اس کے لئے والدین اور اساتذہ اپنے بچوں کی مناسب رہبری کریں۔

موجودہ دور میں نوجوانوں کی زندگی کا ایک اہم مشغلہ اسمارٹ فون پر انٹرنیٹ کا استعمال ہے۔ نوجوان بازار میں دستیاب بھاری سے بھاری فون خریدنے کا رجحان رکھتے ہیں اس کے لئے والدین سے تقاضہ کرتے ہیں کہ انہیں اسمارٹ فون دلایا جائے۔ اور جب وہ اپنی مرضی کا فون حاصل کر لیتے ہیں تو اس پر سوشیل میڈیا، مسیجنگ اور دیگر سہولتیں استعمال کرتے ہوئے رات

رات بھرفون پر لگے رہتے ہیں اور دنیاوی مصروفیات اور تعلیم پر کم توجہ دیتے ہیں اس کی وجہ سے نوجوانوں کی تعلیم پر برے اثرات پڑ رہے ہیں اس لئے ضرورت اس بات کی ہے کہ نواجوانوں میں ایسا شعور بیدار کیا جائے کہ وہ اسمارٹ فون اور انٹرنیٹ کا محتاط استعمال کریں۔ ہندوستان میں 1995ء میں موٹورولا کمپنی نے سب سے پہلے موبائل فون جاری کیا تھا۔اس کے بعد کی تاریخ شاہد ہے کہ موبائل فون کس طرح ہماری زندگی میں داخل ہوگیا اور دولت مند طبقے سے اب یہ عام آدمی اور غریب کی زندگی کا بھی حصہ بن گیا ہے۔فون پہلے بات چیت کا ایک ذریعے تھا لیکن موبائل فون اور اسمارٹ فون نے فون کا مفہوم ہی بدل دیا اب یہ ہر قسم کے رابطے اور تفریح کا ایسا ذریعہ بن گیا ہے جسے کہیں بھی استعمال کیا جاسکتا ہے۔اسمارٹ فون میں جی پی آر ایس کی سہولت سے ہم کسی شخص کی تلاش بھی کر سکتے ہیں اور راستہ دریافت کرنا ہو یا کوئی اور سہولت فون میں دستیاب ہے۔اینڈرائیڈ فون نے اسے چھوٹا کمپیوٹر بنا دیا ہے جس سے ہم اپنی کمپیوٹر فائلوں کو ساتھ لے کر چل سکتے ہیں اور وقت ضرورت ان کا مطالعہ بھی کر سکتے ہیں۔ اسمارٹ فون نے موجودہ دور کی تمام ضرورتیں تو پیش کردی ہیں لیکن ضرورت اس بات کی ہے کہ معلومات کے اس طوفان میں اپنی زندگی کا سفر طے کرنے والے اور مستقبل کو بنانے کے لئے تعلیم حاصل کرنے والے نوجوان کو فون کا کیوں کر اور کس طرح استعمال کرنا چاہئے۔

موبائل فون کے محتاط استعمال کے لئے نوجوانوں کو ہدایات: نوجوانوں کو یہ بنیادی بات یاد رکھنی چاہئے کہ اگر والدین نے انہیں فون دلایا ہے اور اسے کالج لے جانے کی اجازت دی ہے تو اس کا مقصد یہ ہے کہ والدین اپنے بچے سے رابطے میں رہے اور بچہ بھی ضرورت پڑنے پر اپنے والدین کو اپنی کیفیت سنا سکے۔ اکثر طلباء اپنے ہم جماعت دوستوں کی جانب سے خریدے گئے بھاری فون کو دیکھ کر احساس کمتری میں رہتے ہیں کہ میرے ساتھی کے پاس قیمتی فون ہے میرے پاس نہیں اس کے لئے وہ اپنے والدین کو تنگ کرتے ہیں کہ انہیں بھی بھاری اسمارٹ فون دلایا جائے

والدین جب پہلے ہی اپنے بچوں کی تعلیمی اخراجات کے بوجھ تلے دبے ہوتے ہیں انہیں اس طرح کے مطالبات کی تکمیل کے لئے سوچنا پڑتا ہے۔ اس لئے نوجوانوں کو چاہئے کہ وہ اپنے زمانہ طالب علمی میں صرف بات کرنے کی سہولت والا کم قیمت فون ساتھ رکھیں ابھی وہ اسمارٹ فون رکھنے کے چکر میں نہ پڑیں۔ والدین اور نوجوانوں کو چاہئے کہ وہ ایک دوسرے سے بات کریں کہ وہ پڑھائی کے درمیان تفریح کے طور پر کتنے وقت کے لئے موبائل فون استعمال کر سکتے ہیں۔ ذہن کو تکان سے دور کرنے کے لئے دن میں ایک آدھا گھنٹہ فون استعمال کیا جاسکتا ہے لیکن وہ بھی تنہائی میں نہیں بلکہ اپنے گھر کے لوگوں کے درمیان۔ اکثر نوجوان گلی کے چبوتروں پر یا اپنے مکان کی چھتوں پر یا کسی گھر کے وائی فائی کو چرا کر فون پر غلط ویب سائٹ کا مشاہدہ کرتے ہیں ایسے نوجوان ایک بنیادی جملہ ہمیشہ یاد رکھیں کہ ’’ اللہ انہیں دیکھ رہا ہے اور دو فرشتے ان کے کاندھوں پر بیٹھے اس کے اعمال کا حساب کتاب لکھ رہے ہیں‘‘۔ خوف خدا رکھنے والے نوجوان کو جب یہ باتیں یاد آئیں گی تو وہ تنہائی میں بھی غلط ویب سائٹ کا مشاہدہ نہیں کرے گا۔ اگر کالج میں طالب علم کے ساتھ موبائل فون ہو تو اسے بند رکھا جانا چاہئے یا اسے خاموش حالت میں رکھنا چاہئے۔ فلمی گانوں کے رنگ ٹونس سے بھی لوگوں کو تکلیف ہوتی ہے۔ بس میں سفر کر رہے ہوں یا ریل میں بڑی آواز سے فون پر میڈیا فائکس نہیں چلانا چاہئے بلکہ کان کے اسپیکر کا استعمال کرنا چاہئے۔ کمرہ جماعت اور لائبریری میں فون پر زور سے بات نہیں کرنی چاہئے۔ اجتماعی مواقع پر فون پر کم ہی بات کرنی چاہئے اور اپنی توجہ مبذول رکھنا چاہئے۔ اکثر دیکھا گیا ہے کہ اپنی شادی کی تقریب کے موقع پر بھی نوجوان فون پر دوستوں سے باتیں کرتے دیکھے جاتے ہیں یہ غلط رویہ ہے۔ نوجوان فون پر مسیج بہت کرتے ہیں اس کے لئے شارٹ کٹ الفاظ استعمال کرتے ہیں اس سے ان کی زبان دانی متاثر ہوسکتی ہے اور انگلیوں کی صحت متاثر ہوسکتی ہے۔ بیٹری کی چارجنگ ک دوران فون استعمال نہیں کرنا چاہئے۔ کیونکہ بعض موقعوں پر دھماکے ہوئے ہیں جس سے

جانی نقصان ہوسکتا ہے۔ موبائل فون پر مسلسل بات کرنے سے اس کے اندر سے نکلنے والی شعائیں ہماری سماعت کو متاثر کرسکتی ہیں۔ سر کا درد ہوسکتا ہے اور دماغ متاثر ہوسکتا ہے۔ دن میں آدھا گھنٹہ وہ بھی الگ الگ فون پر بات ہوسکتی ہے گھنٹوں بات کرنا مضر صحت ہوگا۔ اسی طرح پیروں پر لیپ ٹاپ کا بھی محتاط استعمال ضروری ہے۔ ورنہ کینسر کا خطرہ لاحق رہتا ہے۔ فون کے اخلاقیات میں یہ بھی شامل ہیں کہ ہم کسی دوسرے کا فون لے کر اس کے دوستوں کے پیغامات پڑھیں۔ اسی طرح کسی دوسرے کا ای میل یا فیس بک اکائنٹ بھی چیک کرنا غیر اخلاقی ہے۔ اسی طرح دوسروں کا پاسورڈ استعمال کرنے فون کھولنا۔ ای میل یا فیس بیک دیکھنا یا وائی فائی چرانا یہ سب سائبر اخلاقیات کے خلاف ہے۔ جب کسی کا فون گم ہوگیا تو سرویس دینے والی کمپنی کو فورا اپنا سم بلاک کرنے کے لئے کہنا چاہئے ورنہ ایسے واقعات ہوئے ہیں کہ لوگوں نے چرائی ہوئی سم سے مجرمانہ حرکتیں کی ہیں۔ فون میں موجود دوست احباب کے ٹیلی فون نمبرات اور دیگر اہم مواد کو کمپیوٹر میں بیک اپ کے طور پر رکھنا چاہئے۔ آج کل فون چوری کے واقعات اور فون گمنے ک واقعات بہت ہوگئے ہیں۔ اس سے اپنا کھویا ہوا ڈاٹا اور نمبرات دوبارہ استعمال کئے جاسکتے ہیں۔ عوامی مقامات پر اسمارٹ فون کے ذریعے نیٹ بنکنگ مت کیجئے۔ آپ کے اکاؤنٹ کا غلط استعمال ہوسکتا ہے۔ اس طرح نوجوانوں اور عام لوگوں کو بھی فون کے استعمال میں احتیاط برتنی چاہئے اور اسے اپنی زندگی کا لازمی حصہ بننے نہیں دینا چاہئے۔ فون کے عادی لوگ اگر فون بھول کر کہیں چلے جائیں تو اس قدر بے چین رہتے ہیں کہ ان کے روزمرہ کے کام متاثر ہوجاتے ہیں اس سے اندازہ ہوتا ہے کہ فون کس حد تک ہماری زندگی میں داخل ہوگیا ہے۔ اس لئے فون کا محتاط استعمال ہی ہمارے سکون کا باعث ہوگا۔

سوشیل میڈیا کے استعمال کے اقدار: نوجوانوں میں سوشیل میڈیا فیس بک' ٹوئٹر اور دیگر میڈیا کا استعمال بے حد مقبول ہے۔ فیس بک کی مثال لیجئے دنیا بھر میں اس کے 80 کروڑ سے زیادہ رکن

ہیں۔فیس بک پر اپنے پیغامات ڈالنے، تصویر یا ویڈیو ڈالنے اور دوستوں سے وربل چاٹنگ اور ویڈیو چاٹنگ کی سہولت ہے۔اپنی مرضی کے موضوعاتی گروپس بنانے اور اس پر ایک دوسرے سے رابطے کی سہولت ہے۔اسکائپ اور گوگل ہینگ آؤٹ پر ویڈیو چاٹ کی سہولت ہے۔سوشیل میڈیا کے بڑھتے استعمالات نے اس کے غلط نتائج بھی سامنے لائے ہیں۔خاص کر لڑکیوں کی تصاویر اور ان کے ویڈیو کی شیرنگ سے مسائل پیدا ہوئے ہیں اور کئی لڑکیوں نے خودکشی بھی کی ہے۔اس لئے لڑکیوں کے لئے ضروری ہے کہ وہ فیس بک پر اپنی تصویر نہ ڈالیں اور نہ ہی اجنبی دوستوں سے اپنے فون نمبر اور دیگر ذاتی تفصیلات شیئر نہ کریں ورنہ مصیبت کو دعوت ملے گی۔مذہبی عقائد پر بھی فیس بک کے ذریعے کیچڑ اچھالا گیا ہے۔اس سے بعض فرقوں میں فسادات ہوئے ہیں اور نوجوانوں کا قتل بھی ہوا ہے۔اس لئے فیس بک اور سوشیل میڈیا کا محتاط استعمال ضروری ہے۔نوجوانوں کو جان لینا چاہئے کہ سوشیل میڈیا صرف دوستوں اور رشتے داروں سے رابطے کی سہولت ہے اجنبی لوگوں سے رابطہ کرتے ہوئے احتیاط کرنا چاہئے۔ملازمت کا جھانسہ دیکر لوٹ لینے کے واقعات بھی ہورہے ہیں۔اجنبی لوگوں سے دوستی بڑھانے سے قبل والدین سے مشورہ کرنا چاہئے کہ یہ ہمارے لئے کیسے رہتے ہیں۔مناسب نہیں تو دوستی نہیں کرنی چاہئے۔اپنی اور دوسروں کی ناشائستہ تصاویر فیس بک یا سوشیل میڈیا پر نہیں ڈالنی چاہئے۔ذاتی کوائف بھی کسی کو نہیں بتانا چاہئے۔سوشیل میڈیا کے محتاط اور تعلیمی استعمال سے نوجوان دنیا میں موجود دانشوروں اور اپنے مضمون اور پسند کے قابل لوگوں سے رابطہ کرتے ہوئے اپنی تعلیم کو بہتر بناسکتے ہیں۔

سوال 4: انٹرنیٹ کے استعمال سے کس طرح غیر محسوس طریقے سے ایک شخص کی ذاتی زندگی اور شخصی حفاظت سے سودا ہوسکتا ہے؟ سائبر جرائم سے بچنے کے لئے ہمیں کیا احتیاطی تدابیر اختیار کرنی چاہئے؟

جواب: انٹرنیٹ رابطے کا ایک اہم ذریعے ہے۔چونکہ یہ ایک عالمی نیٹ ورک ہے اس لئے اس

کے استعمال کرنے والے عالمی نیٹ ورک سے جڑے رہتے ہیں اور مختلف مقامات پر اپنے ای میل اور پاسورڈ کے ذریعے کام کرتے ہیں۔لیکن چونکہ انٹرنیٹ ایک مشین ہے اور مشین انسان نے بنائی ہے تو اس میں کچھ خامیاں بھی ہوں گی۔ کمپیوٹر آپریٹنگ سسٹم بنانے والے مائیکرو سافٹ ہمیشہ اپنے نئے ورژن میں یہ دعوی کرتے ہیں کہ ان کا نیا ورژن محفوظ ہے لیکن امریکہ سے لے کر ہندوستان جیسے ممالک تک اکثر سائبر کرائم کے ذریعے بڑے بڑے اداروں کے ویب سائٹ ہیک ہوتے ہیں اور قیمتی ڈاٹا چرالیا جاتا ہے۔دنیا میں حکومتیں سائبر کرائم کی سنگینی محسوس کرتے ہوئے اس کے روک تھام کے لئے اقدامات کررہی ہیں پھر بھی انٹرنیٹ کے استعمال کنندوں کے لئے لازمی ہے کہ وہ احتیاط ہی کریں۔سائبر کرائم میں اکثر پاسورڈ کو ہیک کیا جاتا ہے۔اوراس کے ذریعے ذاتی فائکس تک رسائی حاصل کی جاتی ہے۔اس لئے کہا جاتا ہے کہ پاسورڈ مضبوط ہو۔اس میں اپنا موبائل نمبر یا تاریخ پیدائیش یا عام معلومات کو شامل نہ کیا جائے۔نیٹ بنکنگ کے پاسورڈ کوبھی محفوظ رکھا جائے اور کھاتے میں زیادہ رقم نہ رکھی جائے۔اپنی گھریلو تصاویر کو سوشیل میڈیا پر نہ ڈالا جائے اس کے غلط استعمال ہوسکتا ہے۔فوٹو شاپ کے ذریعے ننگی تصاویر بنائی جارہی اورانہیں پوسٹ کرتے ہوئے بلیک میلنگ بھی کی جارہی ہے۔اگر آپ کوانٹرنیٹ سے کاروبار کرنا ہی ہوتواس کی تمام نزاکتوں سے واقفیت رکھنی چاہئے۔اپنے مواد کی حفاظت اپنی ذمہ داری ہے۔جس طرح کمان سے نکلا تیر واپس نہیں آتا۔اسی طرح نیٹ پر ڈالا گیا مواد محفوظ نہیں رہتا اس لئے سنجیدگی اسی میں ہے کہ انٹرنیٹ کا استعمال احتیاط سے کیا جائے۔اگر آپ سائبر جرائم کا شکار ہوں تو آپ مقامی پولیس کواس کی اطلاع دیں۔حیدرآباد میں سائبر کرائم کے الگ شعبے ہیں۔ جہاں سائبر جرائم کی تحقیقات کی جاتی ہیں۔شعور رکھتے ہوئے احتیاط کے ساتھ انٹرنیٹ کا استعمال مفید ہوسکتا ہے۔

یونٹ 10

اخلاقیات' اقدار اور سوچ

Ethic,Values and Thinking

انسانی نسل نے صدیوں ترقی کی ہے۔اور ہر نسل اپنے آنے والی نسل کے بہتر مستقبل کے لئے کارفرما رہی ہے۔ انسان نے جو ایجادات کی ہیں اس سے استفادہ آنے والی نسلیں کر رہی ہیں۔ ترقی کے لئے ماضی میں زیادہ دور تک جانے کی ضرورت نہیں ہے۔ بیسویں صدی کی تاریخ پر نظر ڈالیں تو پتہ چلتا ہے کہ انسانیت نے ترقی کی جانب بڑی جست لگائی ہے۔اور زندگی کے مختلف شعبوں میں ہمہ جہت ترقی کی ہے۔ انسان نے خلاء کو فتح کیا۔کمپیوٹر نے زندگی میں انقلاب لایا۔ رنگ و نسل کے بھید بھاؤ نسلی منافرت ختم ہوئی۔ نو آبادیاتی نظام کا خاتمہ ہوا۔اور دنیا کے گلوبل ویلج بننے یا عالمی گاؤں بننے کا خواب شرمند تعبیر ہوا۔اس کے باوجود بہت سی منفی باتیں اور انسانیت سے متعلق بہت سے تاریک گوشے اب بھی کڑوی حقیقت بن کر انسانیت کے سامنے سوالیہ نشان بنے ہوئے ہیں۔ دنیا میں آج بھی 23% لوگ بہت زیادہ غربت میں جی رہے ہیں۔ ترقی یافتہ ممالک میں لاکھوں لوگ فاقوں کا شکار ہیں۔ دنیا کے ہر چھ میں سے ایک انسان نا خواندہ ہے۔ پرائمری اسکول میں پڑھنے والے بچوں کا فیصد 84 ہے۔اس کا مطلب باقی بچے ابھی بھی بنیادی تعلیم کے حق سے محروم ہیں۔ دنیا میں ہر روم تیس ہزار بچے ان امراض کی وجہہ سے مر جاتے ہیں جن کا علاج ممکن تھا۔ دنیا کے قیمتی وسائل پر اب بھی مخصوص لوگوں کا قبضہ ہے۔اور بڑا طبقہ زندگی کی ضرریات سے محروم ہے۔ دنیا میں بڑھتے مسائل کے پیچھے اقدار کی کمی ہے۔ انسانیت کا جو فرض ہونا تھا وہ نہیں نبھایا جا رہا ہے جس کی وجہہ سے مسائل برقرار ہیں۔ ایسے میں ضرورت اس بات کی ہے کہ فرد سے لے کر سماج تک اور گھر سے لے کر دنیا تک لوگوں میں

پسندیدہ اخلاق اور اقدار کو پروان چڑھایا جائے۔

ہمیں اخلاق کیوں ضروری ہیں؟: انسان ایک سماجی حیوان ہے۔ ہم ایک ایسے سماج کا تصور نہیں کر سکتے جس میں انسان نہ ہوں۔ یہ لوگوں کے لئے فطری بات ہے کہ وہ خاندان قبیلے گاؤں اور ملک بنا کر رہیں۔ ہر سماج کے اپنے اصول وضوابط ہوتے ہیں۔ سماج میں اتحاد اور سماجی زندگی اسی وقت قائم ہوسکتی ہے جب لوگ سماج کے بنائے گئے اصولوں کی پابندی کریں۔ اگر کوئی سماج کے بنائے گئے اصولوں کو توڑتا ہے۔ تو اسے غیر سماجی اور سماج دشمن فرد کہا جاتا ہے۔ سماج میں ہر فرد کو چند ذمہ داریاں اور چند حقوق حاصل ہوتے ہیں۔

فطرت کا انسان کے ساتھ مضبوط تعلق ہوتا ہے۔ فطرت میں ہوا پانی غذا اور لباس وغیرہ ضروریات دستیاب ہوتی ہیں۔ یہ انسان کے لئے لازمی ضرورتیں ہیں۔ اس طرح ہم کہہ سکتے ہیں کہ فطرت اور سماج انسان کی زندگی کو متاثر کرتے ہیں۔ اس لئے انسانوں کو بھی لازمی ہے کہ وہ فطرت کے اصولوں کی پاسداری کریں۔ اور فطرت کے تحفظ کی کوشش کریں۔ ایسا کوئی کام نہ کریں جس سے فطرت میں مداخلت ہوتی ہو اور انسانیت کو بڑے پیمانے پر نقصان پہونچتا ہو۔ ہر سماج میں کچھ اخلاقی باتیں ہوتی ہیں کہ کیا اچھا ہے اور کیا برا۔ کسی بھی سماج کی بقاء اس بات میں مضمر ہے کہ انسان کس طرح سماج کے اقدار اور اصولوں کی پاسداری کرتا ہے۔ آیئے اس ضمن میں اخلاقیات اور اقدار کے مفہوم کو سمجھتے ہیں۔

اخلاق کا مفہوم: اخلاق کے مفہوم کی جانب مشہور مفکر اور فلسفی ارسطو اور سقراط نے توجہ دلائی۔ سقراط کے نظریات کو افلاطون نے آگے بڑھایا۔ اس نے کہا کہ انسان کی حالت کا مطالعہ انسانوں کا اہم مشغلہ ہوتا ہے۔ اس نے کہا کہ انسان کی عادتیں اخلاق کا تعین کرتی ہیں۔ خوشحالی کے مفہوم کو واضح کرتے ہوئے اس نے کہا کہ یہ ایسی حالت ہے جب انسان کو غم اور پریشانیاں نہیں ہوتیں۔ فرد کے ساتھ سماج کی خوشی بھی اسی میں مضمر ہے۔ ایک فرد اسی وقت خوش قسمت

سمجھا جاتا ہے جب وہ سماج میں مسائل سے دوچار نہ ہو۔ اور سماج کے بنائے اصولوں کی پاسداری کرتا ہو۔ دوستی کو بھی ایک اہم اخلاقی قدر مانا گیا ہے۔

اخلاق کی اہمیت: بہت کم لوگ اخلاق یا اچھی باتوں سے انکار کرتے ہوں گے۔ اخلاق کا مطلب اچھی باتوں اور سماجی اصول کی پاسداری ہی نہیں بلکہ سماج کے بنائے اصولوں کے مطابق انسانی برتاؤ بھی ہے۔ اخلاقی برتاؤ کا مطلب یہ ہے کہ انسان اصولوں پر قائم رہنے میں یکسانیت برتے اور ایک فرد کو اسی وقت با اخلاق کہا جائے گا جب کہ وہ زندگی بھر اچھے اصولوں پر قائم رہے نہ کہ اپنی مرضی کی باتوں کے موقع پر۔ اخلاقیات کا تعلق انسانی اقدار سے بھی ہے۔ یعنی کچھ باتوں کو اپنانا اور کچھ باتوں کو رد کرنا۔ سماج میں ہر شخص اخلاقیات کا سبق حاصل کرتا ہے۔ یہ مشاہدے کی بنیاد پر ہوتا ہے۔ انسان دیکھتا ہے کہ اپنے والدین' گھر اور معاشرے میں لوگ کن باتوں کو اچھا سمجھتے ہیں اور کن باتوں کو برا اسی سے اخلاق بنتے ہیں۔ تعلیم سے انسان کے اخلاق پروان چڑھتے ہیں۔ افلاطون نے اس بات پر زور دیا کہ انسانوں میں اچھے اخلاق پروان چڑھانے کے لئے ان کے اندر اچھی تعلیم کو عام کیا جائے۔

ہندوستان میں اخلاقیات کا مفہوم: ہندوستان کثرت میں وحدت والا عظیم ملک ہے۔ جہاں مختلف مذاہب اور مختلف زبانوں کے بولنے والے لوگ صدیوں سے مل جل کر رہتے آرہے ہیں اور ایک ملی جلی تہذیب پروان چڑھتی آرہی ہے۔ ہندوستانی سماج کثرت میں وحدت کے اصول پر چلا آرہا ہے۔ اس کے باجود یہاں لوگوں میں اختلافات آتے رہتے ہیں جنہیں قومی یکجہتی کے جذبے کے ذریعے دور کیا جاتا ہے۔ ہندوستان کا دستور یہاں کے لوگوں کا تحفظ کرتا ہے اور انہیں بنیادی حقوق فراہم کرتا ہے۔ دستور کی رو سے ہندوستانی شہریوں کو امن و انصاف سے رہنے کا حق ملتا ہے۔ انسان کے لئے ضروری ہے کہ وہ آپسی بھائی چارے اور پیار و محبت سے رہے ایک دوسرے کے حقوق کی پاسداری کرے اور خود آگے بڑھے اور دوسروں کو بھی آگے بڑھنے کا موقع

دے۔یہی اس کے اچھے اخلاق کی نشانی ہے جس سے فرد اور سماج میں امن وخوشحالی پیدا ہوسکتی ہے۔اچھی قدروں میں جمالیاتی قدریں' سماجی قدریں بھی شامل ہیں۔

اعلیٰ تعلیم کے دوران کئی کورسز اور پروگرام سیکھنے کے مجموعی صفات جیسے تجربات اور مشق کے ضرورت رکھتے ہیں۔اگر ایک سے ذیادہ تجربے کی ضرورت نہ بھی ہو تب بھی انسان کو اپنے سابقہ تجربات کی روشنی میں کچھ کرتے ہوئے آگے بڑھنا پڑتا ہے۔اس سے سیکھنے کی صلاحیت میں اضافہ ہوتا ہے۔ انعکاسی صلاحیت صرف جاننے یا علم حاصل کرنے کا نام نہیں ہے۔ اس میں معلومات کی تہہ تک پہونچا جاتا ہے۔اور اقدار اور اخلاق کی روشنی میں کیا بہتر ہے اور کیا بہتر نہیں اس کا فیصلہ کیا جاتا ہے۔

انعکاسی سوچ کی رکاوٹیں: انعکاسی سوچ کے دوران حسب ذیل رکاوٹیں آسکتی ہیں۔ جیسے یہ سوچنا کہ اگر یہ ممکن نہیں تو کیا ہوگا۔کس طرح سیکھا جائے اس بارے میں سوچنا۔اعتماد اور خوداعتمادی کی کمی۔سابقہ اور منفی تجربات۔اپنے اور دوسروں کے بارے میں کم تر توقعات۔کسی بھی کام کے بارے میں ناکافی تیاری۔سازگار ماحول کی کمی۔وقت اور جگہ کی کمی۔تکان۔غیر یقینی کیفیت۔یہ وہ رکاوٹیں ہیں جو انعکاسی سوچ کا باعث ہوتی ہیں اور ایک فرد سے دوسرے فرد کے درمیان مختلف رہتی ہیں۔

انعکاسی سوچ کے لئے درکار خصوصیات: انعکاسی سوچ کے لئے کام کے طریقہ کار کی ضرورت ہوتی ہے۔مختلف خیالات کو آنے دینا اور انہیں برداشت کرتے رہنا۔ یہ سمجھنا کہ آپ جس طرح سوچتے ہیں دوسرے نہیں۔ جس طرح آپ کسی مسئلے پر رائے قائم کرتے ہیں دوسرے نہیں کرتے۔اپنے آپ سے سوالات کرتے رہنا تا کہ درست جواب تک پہونچیں۔ بہت جلد کسی فیصلے پر نہیں پہونچنا صبر وتحمل سے کام کرنا۔جس طرح کسی مسئلے کا سادہ جواب نہیں ہوتا۔اسی طرح مشکل بھی نہیں ہوسکتا۔ جو ہو رہا ہے اسے قبول کرنے کے لئے تیار رہنا۔اپنے آپ کے بارے

میں ایمان دار رہنا۔ اس بارے میں بھی کہ آپ کے اندر خامیاں اور کمزوریاں رہتی ہیں۔ اگر آپ اس دھوکے میں رہیں کہ آپ کسی مسئلے کو کیوں نہیں سمجھتے تو آپ جلد نہیں سیکھ سکتے۔ انسان کو اپنا ذہن کھلا رکھنا چاہئے تب ہی وہ کچھ سیکھ سکتا ہے اور اپنی زندگی کے مسائل حل کر سکتا ہے۔

سوال 3: تنقیدی سوچ اور تعمیری سوچ کے بارے میں لکھو؟

جواب: انسان کے اخلاق اور اقدار پر مبنی ہے کہ وہ کس قسم کی سوچ رکھتا ہے۔ انسان کی سوچ تنقیدی بھی ہو سکتی ہے اور تعمیری بھی۔ تنقیدی سوچ میں انسان کسی بھی چیز یا بات کے مختلف پہلوؤں کا جائزہ لیتا ہے۔ تنقیدی سوچ بہت اہم ہنر ہے جسے سیکھا جاتا ہے۔ اگر ہماری سوچ تنقیدی ہو جائے تو اس تیز رفتار زندگی میں مسائل کو تیزی سے سمجھ سکتے ہیں اور ان کا مثبت نتیجہ نکال سکتے ہیں۔ تنقیدی سوچ رکھنے والے لوگ اس قسم کے کام کرتے ہیں۔ نئے افکار کے بارے میں کھلا ذہن رکھتے ہیں۔ دانشورانہ طور پر آزاد ہوتے ہیں۔ کسی چیز کے بارے میں معلومات درکار ہوں تو ان کے پاس اس کی معلومات ہوتی ہیں۔ سوالات کرتے ہیں۔ شہادت کی بنیاد پر فیصلے کرتے ہیں۔ موضوعات کے درمیان روابط کو دیکھتے ہیں۔ نظریات' اطلاعات اور برتاؤ کا تجزیہ کرتے ہیں اور اس سمجھتے ہیں۔ چیزوں کو الگ کر کے دیکھتے ہیں۔ جس بات میں کوئی وجہہ نہیں ہوتی اس کے بارے میں سوال کرتے ہیں۔ سمجھنے کے دوران عمومی غلطیوں سے بچتے ہیں۔ نظریاتی سوچ پر یقین رکھتے ہیں اور جذباتی سوچ سے بچتے ہیں۔

تعمیر سوچ: تعمیری سوچ کا مطلب نئے خیالات کے ساتھ کوئی کام کو نئی اپج کے ساتھ کرنا ہے تا کہ اس میں انفرادیت آجائے۔ یہ ایسا ہے جیسے ذہن کے باہر کی بات سوچی جائے۔ اپنے اندر تعمیری سوچ پروان چڑھانے کے لئے حسب ذیل امور کو دھیان میں رکھا جانا چاہئے۔ درست جواب پر قائم نہ رہیں بلکہ کسی مسئلے کے حل کے لئے ایک سے زیادہ امکانات کھلے رکھیں۔ ہمیشہ حساب کتاب کے ساتھ کام نہ کریں کبھی کبھی اندازوں پر بھی کام کریں نئے نتائج سامنے آسکتے ہیں۔

کبھی کبھی اصول توڑ کر بھی دیکھیں۔ کچھ نئے نتائج سامنے آسکتے ہیں جس سے انسانی تجربے میں اضافہ ہوتا ہے۔ کبھی کبھی غیر تجرباتی بھی رہیں۔ ہمیشہ ایک ہی قسم کی راہ پر چلنے سے متوقع نتائج ہی آئیں گے نئی باتوں سے آشنا نہیں ہونگے۔ کھیل کھیل میں کام کرنے کی عادت ڈالیں۔ یکسانیت سے انسان بور ہوجاتا ہے۔ کبھی ناکامی کا سامنا بھی کرنا چاہئے اس سے تجربات یں اضافہ ہوتا ہے۔ ہنر کے بارے میں سوچتے رہنا ہماری لئے ضروری ہے۔ ہم اپنے کمپیوٹر نما ذہن کا بہت کم استعمال کرتے ہیں اگر نئے افکار کے دراوازے کھلے رکھیں تو اس ذہن میں نئی باتیں اور تعمیر سوچ آسکتی ہے۔ اس طرح انسان کی تنقیدی اور تعمیری سوچ اسے اپنی زندگی کی راہوں میں مشکلات کے وقت مناسب اور درست فیصلے لینے میں رہبری کرتی ہے۔

☆☆☆☆☆

☆☆

☆